엄마가 풀어 보는

내
아
이
사
주

엄마가 풀어 보는

내 아이 사주

마경록 지음

시그널북스

삶의 우물에 곤두박여 허우적거릴 때,

힘 모두어 길어 올려 준 어머니와 아내에게 드립니다.

머리말

초등학교 때, '재치 문답'이란 라디오 프로그램을 즐겨 듣곤 했습니다.

사회자가 단어 하나를 제시하면 참석한 패널들이 '무엇은 무엇이라고 푼다'라는 식으로 정의를 내리고서, 그에 따른 부연 설명을 하는 프로였지요.

언젠가 한번은 제시된 단어가 '사람'이었는데, 그때 마음속으로 '사람은 무지개라고 푼다'라는 생각을 하고서 스스로 코를 벌름거리며 대견해 했던 기억이 납니다.

어린아이에게 뭐 그리 심오한(?) 뜻이 있었겠는가마는, 그나마 동네나 학교에서 사람들과 '관계'라는 걸 맺어 가다 보니 무지갯빛처럼 사람도 여러 유형이 있다는 생각을 했던 것 같습니다(물론 일곱 가지 색깔이라는 숫자는 의미가 없겠지요).

가정적으로, 경제적으로 참으로 어려운 시기가 있었습니다. 그것도 상당히 오랫동안…….

그때까지만 해도 철학이니 명리학(命理學)이니 하는 것에 대해서는 거의 몰라서 막연히 미신쯤으로 치부하고 있던 터라, 그저 눈앞의 현실에만 급급해서 우왕좌왕했지요.

그러다가 지쳐서 널브러질 때쯤 되자, 사람의 힘으로는 어쩔 수 없는 운명 같은 게 느껴지면서 이런 의문이 들었습니다.

'운명이란 게 있다면, 당최 내 팔자는 왜 이리 꼬이기만 하는 걸까……?'

그 다음부터는 여기저기 물어물어서 소위 철학관이라는 데를 순례(?)하기 시작했지요.

그런데 참……, 그야말로 각인(各人)이 각설(各說)이었습니다.

유명하다는 데는 거의 다 찾아다녀 보았는데, 감정 결과라는 게 천차만별이었던 거지요.

대운(大運)이 서북방으로 흐르니 고생문이 훤하다는 사람, 일지(日支)에 건록(建祿)을 깔고 앉았으니 볼 것도 없이 좋다는 사람…….

운명을 감정하는 데 있어서 비중 있게 적용하는 이론들조차도 다들 달랐습니다.

그때부터 '내 팔자 내가 알아보자' 싶어 명리학 공부를 시작한 게 벌써 20년 전이로군요.

자신 있게 얘기하거니와, 명리학은 방대하고 심오하기 그지없는 학문입니다. 철학·천문학·기후학·심리학 등 여러 학문이

씨줄과 날줄로 촘촘히 얽혀 있는, 그야말로 '평생공부'지요.

그러다 보니 호기심에서, 혹은 호구지책의 하나로 시작했다가도 고개를 절레절레 흔들며 도중하차하는 사람들이 부지기수입니다.

그런데 문제는, 그렇게 수박 겉핥기식으로 공부한 사람들이 버젓이 남의 소중한 운명을 감정해 주고 있다는 것이지요. 그러면서 전문 지식이 달리다 보니 '무슨 살이 끼었으니 풀어야 한다'는 둥, 명리의 본질과는 전혀 상관없는 단식 판단으로 사람들을 미혹시키는 경우가 비일비재하고요.

세상에 살 없는 사주가 어디 있으며, 그것을 풀기는 또 어떻게 푼단 말입니까? 다만 미리 알고서 대비하고 조심할 뿐이지요.

이 책은 자기 아이의 운명을 궁금해 하는 어머니들을 대상으로 썼습니다.

그런 만큼 글을 시작해서 마치는 동안 내내 제 머릿속을 떠나지 않은 화두는 '쉽고 재미있게 풀어 나가야 한다!'라는 강박 관념이었습니다. 물론 틈날 때마다 서점에 들러 비슷한 책들을 뒤적거려 보기도 했고요.

한데 그나마 쉽게 썼다는 책들은 내용들이 좀…… 그렇더군요. 어렵다고 여겨서인지 명리학의 기본인 격국·용신은 아예 다루지 않은 책들이 부지기수고, 그저 오행 중 나무가 많으면 어떻고 흙이 많으면 어떻다는 둥 부분적이고 단편적인 풀이가 주를 이루더군요.

하지만 명색이 '배울 학'자가 붙은 학문인데, 우리가 영어를 공부하려면 알파벳이나 단어 · 숙어를 알아야 하고 수학을 공부하려면 구구단이나 여러 공식들을 섭렵해야 하듯이, 명리학 역시 기본적인 개념들은 챙겨야겠지요.

물론 저도 태극(太極)이니 이기(理氣)니 하는, 현학적인 부분들은 다루지 않았습니다. 또 아직 정돈되지 않은 이론이나 너무 자세한 이론들도 마찬가지고요.

하지만 적어도 알고자 하는 사주의 '큰 그림'은 충분히, 그리고 정확히 그려 낼 수 있도록 내용을 충실히 꾸몄습니다. 이를테면 운의 흐름, 성격, 건강, 직업, 가정, 여러 인간관계 등을 알 수 있게끔 했다는 것이지요.

특히 아이를 키우는 데 있어서도 위에서 말한 내용들을 미리 알 수 있다면 더욱 그 아이에게 효과적인, 이른바 '맞춤 교육 방법'을 찾을 수 있지 않겠어요?

예를 들어, 공부 방법에 있어서도 활달하고 나서기 좋아하는 아이는 경쟁 상대가 있는 학원 수업이 알맞을 것이고, 수줍음 많고 내성적인 아이는 가정교사와 일 대 일로 공부하는 식이 더 바람직할 테니 말입니다.

위에서도 말했지만, 명리를 여기서 모두 이야기할 수는 없으며, 또 그럴 목적으로 이 책을 쓴 것도 아닙니다. 이 책을 읽고 나서 좀더 깊이 있게 공부하고 싶다는 생각이 드시면 시중에 나와 있는 전문가용 교재를 구해, 그야말로 '평생공부'를 시작하시면 되겠지요.

하지만 사주의 큰 틀을 파악하기 위해 '꼭 알아야 할 부분들'은 빠짐없이 담았으므로 네 가지 염기 배열의 분석일 뿐인 '게놈 지도'나 '사상 의학(四象醫學)'·혈액형에 따른 성격 분류, 또 좀더 그럴듯한 별자리 운세나 타로·토정비결·당사 주류하고는 비교할 수 없는 정통 명리학을 공부한다는 자부심을 바탕으로, 이 책을 읽으신 분들이 사람들의 운명에서 장점은 살리고 단점은 고쳐 나가는 데 한몫할 수 있다면 더 바랄 게 없겠습니다.

차례

6 · 일간(日干)에 따른 성격

7 · 아이 공부, 이렇게 시키세요
– 격국(格局)에 따른 공부 방법

日　　月

엄마가
풀어 보는
내 아이
사주

四柱命理

時　　年

1

●

명리학(命理學)이란?

개요

이 부분은 처음부터 눈에 힘주고(?) 보시느라 기운 빼실 필요는 없고요, 그저 '아하, 명리학이 이렇게 발전해 왔구나.' 하는 정도로만 읽어 주시기 바랍니다. 다만 좀더 공부하실 분들은, 내용 중에 나오는 책들은 모두 명리학의 고전이니 잘 기억해 두시면 좋겠지요.

명리학은 중국 당나라(618년~907년) 때까지 널리 행해지던, 이른바 당사주(唐四柱)에서 비롯된, 어김없는 학문입니다.

그런데 지지(地支)만으로 판단하여 띠로 보는 당사주는 그 변별력이나 정확성에 있어서 미흡한 점이 많았으므로, 일간(日干)을 자기 자신으로 보고 판단하는 학설이 나오면서 완전히 새로운 이

론으로 자리잡기 시작했던 거지요.

그러던 중 당나라 말기에 이허중(李虛中)의 일간법(日刊法)이 등장했고, 그 후 자평(子平) 서공승(徐公升)이 연·월·일 세 기둥[三柱]만의 체계를 연·월·일·시의 체계로 확장한『연해자평(淵海子平)』을 펴냄으로써 일간을 기준으로 하는, 오늘날 명리학이라 일컬어지는 학문의 기틀을 잡았습니다.

명리학은 추명학(推命學)·자평학(子平學)으로 불리기도 하는데, 이후에 신봉장남(神峰張楠)의『명리정종(命理正宗)』, 만유오(萬有吾)의『삼명통회(三明通會)』, 유백온(劉伯溫)의『적천수(滴天髓)』, 작자 미상인『궁통보감(窮通寶鑑)』등이 속속 등장하여 새로운 학문적 성과가 쌓임으로써 더욱 발전하여 오늘에 이르렀습니다.

명리학을 한마디로 요약해 보자면, 어느 한 사람이 태어난 날을 기준으로 어느 달(계절)에 어떤 오행의 모습을 타고났느냐에 따라 그 사람의 성격·건강·직업·가정사 등의 특질을 파악하는 학문으로, 그 경우의 수가 물경 5십만 가지를 넘어섭니다.

다시 말해서 성격만 가지고 본다 해도 서양 심리학에서는 10가지 남짓으로 분류하지만 명리학에서는 일간으로만 분류해도 10가지며, 일주를 기준으로 하면 60가지, 실제로는 일간과 월지의 대비로 성격을 판단하므로 720가지에 달하는 것입니다.

그러면 이제부터 한 사람의 일생에 대한 모든 정보가 함축되어 있는 명리에 대해 하나하나 알아보기로 할까요?

사주팔자(四柱八字)란?

사주란 '네 기둥'을 말함인데, 각각 생년[年柱] · 생월[月柱] · 생일[日柱] · 생시[時柱]를 일컫는 말입니다.

또 한 기둥마다 위[天干]와 아래[地支]에 각 한 글자씩, 네 기둥에 모두 여덟 글자가 있으므로 팔자라 하는 것입니다.

한마디로 사주팔자란 연월일시 네 기둥에 있는 여덟 글자란 뜻이지요.

예를 들어, 1977년 음력 3월 16일 오전 6시에 태어난 사람이라면 연월일시주, 네 기둥이 각각 정사(丁巳) · 갑진(甲辰) · 경신(庚申) · 기묘(己卯)이므로 이것이 팔자가 되는 거지요.

음양(陰陽)이란?

역(易)의 원리에 따르면, 이 세상을 구성하고 있는 두 기운 중 음이 먼저 생겨났다고 합니다. 그래서 양음이 아니라 음양인 게지요.

그리고 이 음양은 비록 서로 상반된 개념이지만, 서로 맞서는 게 아니라 조화를 이루면서 삼라만상을 유지 · 발전시켜 나가는 것입니다.

흔히 음양이라고 하면 우리는 여자와 남자를 그 대표적인 예로 떠올리게 됩니다.

이런 뉘앙스를 바탕으로 음양의 속성을 나타내면 아래와 같습니다.

양	음
남자, 낮, 봄·여름, 뜨거움, 큼, 많음, 가벼움, 깊, 높음, 빠름, 젊음, 동적(動的)	여자, 밤, 가을·겨울, 차가움, 작음, 적음, 무거움, 짧음, 낮음, 느림, 늙음, 정적(靜的)

이 밖에도 음양의 상대성이 무궁무진하겠지만, 더 이상 늘어놓지 않더라도 그 이미지만 이해하는 걸로 충분하리라 생각합니다.

오행(五行)이란?

오행은 목(木)·화(火)·토(土)·금(金)·수(水), 이렇게 다섯 가지를 말합니다. 각각 나무·불·흙·쇠·물을 말함이지요.

요일하고 헷갈리지 마시고 꼭 이 순서대로 외우시기 바랍니다.

그리고 오행을 오상(五常, 사람으로서 마땅히 지켜야 할 다섯 가지 도리)으로 표현하면, 그 속성상 각각 인(仁)·예(禮)·신(信)·의(義)·지(智)가 됩니다.

그럼 각 오행의 특성을 표로 나타내 보도록 하지요.

	방위	계절	오상	색깔	맛	장기
목	동	봄	인	파랑	신맛	간, 담
화	남	여름	예	빨강	쓴맛	심장, 소장
토	중앙	사계절	신	노랑	단맛	비장, 위
금	서	가을	의	하양	매운맛	대장, 폐
수	북	겨울	지	검정	짠맛	방광, 신장, 자궁, 뇌

십간(十干)이란?

사주 네 기둥에서 위에 오는 오행을 천간(天干)이라 하며 갑
(甲)·을(乙)·병(丙)·정(丁)·무(戊)·기(己)·경(庚)·신(辛)·임
(壬)·계(癸), 이렇게 모두 열 가지가 있습니다. 그래서 십천간(十
天干), 줄여서 십간이라 하지요.

이 천간과 뒤에 나오는 지지(地支)를 합해서 간지(干支)라고
하는데, 명리학의 ABC라고 할 수 있으므로 꼭 순서대로 외우셔
야 합니다.

또 천간은 하늘과 남자에 비유할 수 있으며, 나무로 치면 땅
위에 솟아 있는 부분, 즉 줄기·가지·잎·꽃·열매 같은 것이지
요.

그리고 십간은 두 개씩 음양으로 쌍을 이루어 각각 다섯 가지
오행에 속하는데, 이를 표로 나타내면 아래와 같습니다.

음양 \ 오행	木	火	土	金	水
陽	甲	丙	戊	庚	壬
陰	乙	丁	己	辛	癸

십이지(十二支)란?

사주 네 기둥에서 위에 오는 오행을 천간이라 했으니, 지지는 아래에 자리하겠지요.

이 지지는 땅과 여자에 비유할 수 있으며 자(子)·축(丑)·인(寅)·묘(卯)·진(辰)·사(巳)·오(午)·미(未)·신(申)·유(酉)·술(戌)·해(亥), 이렇게 모두 열두 가지입니다. 그래서 십이지지(十二地支), 줄여서 십이지인 게지요.

또한 각 지지는 동물을 나타내며, 자는 쥐·축은 소·인은 호랑이·묘는 토끼·진은 용·사는 뱀·오는 말·미는 양·신은 원숭이·유는 닭·술은 개·해는 돼지입니다.

우리가 '무슨 띠'를 말하는 것은 여기서 비롯된 것인데, 가령 태어난 해가 기묘년(己卯年)이라면 '묘해'에 났으므로 '토끼띠'가 되는 것이지요.

또 십이지는 일 년 열두 달을 나타내기도 합니다. 자는 11월·축은 12월·인은 1월·묘는 2월·진은 3월·사는 4월·오는 5월·미는 6월·신은 7월·유는 8월·술은 9월·해는 10월이지요. '사·오'가 발음이 같은 '4월·5월'이라는 것만 기억하시면 헷갈리지 않으실 겁니다.

그리고 지지를 외우실 때에는 '자 · 축 · 인 · 묘……' 순서로 외우지 마시고 '인묘진 · 사오미 · 신유술 · 해자축', 이렇게 세 개씩 묶어서 외우시는 게 좋습니다. 1월부터 '봄 · 여름 · 가을 · 겨울'을 계절별로 나타낼 뿐 아니라, 나중에 실제로 사주를 풀 때에 많은 도움이 되기 때문이지요.

그러면 십이지를 음양과 오행에 맞추어 표로 나타내 보기로 하지요.

음양＼오행	木	火	土	金	水
陽	寅	午	辰, 戌	申	子
陰	卯	巳	丑, 未	酉	亥

여기서 유의할 점이 있습니다.

우선 같은 '토'라도 '진 · 축'은 물기를 머금은 '습토(濕土)'며, '미 · 술'은 메마른 '조토(燥土)'라는 것입니다. 이는 나중에 사주를 풀 때에 중요한 의미를 가지게 됩니다.

그리고 또 한 가지는 '화 · 수'의 음양 문제입니다.

위에서 보면 사가 음화, 오가 양화로 되어 있습니다. 또 해가 음수, 자가 양수로 되어 있지요.

그런데 명리학에서는 이 음양이 바뀝니다. 따라서 사가 양화, 오가 음화가 되며, 역시 해가 양수, 자가 음수가 되지요. 이는 3장에서 배울 지장간(支藏干)의 정기(正氣)를 취하기 때문인데, 아직 배우지 않은 내용이니 여기서는 그렇다는 사실만 꼭 기억하고 넘어가시면 되겠습니다.

그러면 바뀐 '화 · 수'의 음양을 바탕으로 십이지를 십간에 대입해 보겠습니다.

天干	甲	乙	丙	丁	戊	己	庚	辛	壬	癸
地支	寅	卯	巳	午	辰, 戌	丑, 未	申	酉	亥	子

2

●

사주 구성하기

연주(年柱) 구하기

자, 이제 본격적으로 공부를 시작해 보도록 하지요.

무엇보다도 사주 네 기둥을 세워야 풀이를 할 수 있으므로, 그 중에서 우선 연 기둥[年柱]을 세우는 법부터 알아보겠습니다. 여기서 설명하는 대로만 좇아오시면 자연히 익혀질 테니 지레 긴장하실 필요는 없고요.

연주는 태어난 해의 간지를 말합니다. 가령 올해(2012년)에 태어났으면 임진(壬辰)이 간지가 되는 것이지요. 그러므로 올해의 연 기둥 두 글자는 '임진'이 됩니다. 너무 쉽지요?

하지만 이게 다는 아닙니다.

문제는 어느 시점부터 올해인가 하는 것인데, 명리학에서는 양력도 음력도 따르지 않습니다. 십이 절기를 기준으로 하여, 절기가 바뀌어야만 해가 바뀌고 달이 바뀌는 것으로 치지요.

따라서 음력이나 양력 1월 1일에 해가 바뀌는 것이 아니라, '입춘(立春)'이 들어오는 날짜와 시각부터 한 해가 시작된다는 점을 꼭 기억해 두세요.

그러면 올해의 시작은 입춘이 들어오는 '양력 2월 4일 오후 7시 22분'부터라는 사실을 알 수 있겠지요. 다시 한 번 강조하지만 음력 1월 1일인 양력 1월 23일이 절대 아닙니다.

어떤 해에는 음력 1월이 시작되기도 전에 입춘이 들어오는 경우가 있지요. 예를 들어 1987년의 경우, 음력으로 해가 바뀌기도 전인 '음력 12월 17일 오후 11시 43분'에 입춘이 들어왔습니다.

따라서 이 시간 이후에 태어난 사람은 1987년 연주인 '정묘(丁卯)' 대신 1988년 연주인 무진(戊辰)을 써야 하지요. 그리고 입춘이 들어와 이미 1월이 시작되었으므로, 월주도 1987년 12월 월주인 '계축(癸丑)'이 아니라 1988년 1월 월주인 '갑인(甲寅)'이 되는 것이고요.

월주(月柱) 구하기

연주에서 설명했듯이, 월주도 절기가 들어와야만 바뀝니다. 음력으로 매달 1일에 달이 바뀌는 게 결코 아니지요.

간혹 윤달을 헷갈려 하시는 분들이 계시는데, 절기가 들어와

야만 달이 바뀌므로 윤달이든 평달이든 신경 쓰실 필요가 전혀 없습니다.

그리고 월주의 지지를 월령(月令)이라고도 하는데, 명리학의 기본은 '누가 어떤 오행(일간)으로 어느 계절(월지)에 태어났는가'에서 시작되므로 그 비중이 매우 크다고 하겠습니다.

그러면 1월부터 12월까지, 어떤 절기가 들어오면 달이 바뀌는지 알아볼까요?

1월	2월	3월	4월	5월	6월
입춘(立春)	경칩(驚蟄)	청명(清明)	입하(立夏)	망종(芒種)	소서(小暑)
7월	8월	9월	10월	11월	12월
입추(立秋)	백로(白露)	한로(寒露)	입동(立冬)	대설(大雪)	소한(小寒)

봄 · 여름 · 가을 · 겨울이 시작되는 입춘 · 입하 · 입추 · 입동을 기준으로 외우시면 좀더 수월할 것입니다.

또 연간을 알면 3장에 나오는 '간합(干合)'을 이용하여 월주를 알 수 있는 방법이 있는데, 여기서는 일단 원리만 설명해 놓을 테니 뒤에 나오는 간합을 익히고 나서 다시 한 번 복습하시기 바랍니다.

• 갑기합(甲己合)

오행이 토가 되며, 이 토를 생(生)하는 병화(丙火)가 1월의 천간이 됩니다(병인월).

- 을경합(乙庚合)

오행이 금이 되며, 이 금을 생(生)하는 무토(戊土)가 1월의 천간이 됩니다(무인월).

- 병신합(丙辛合)

오행이 수가 되며, 이 수를 생(生)하는 경금(庚金)이 1월의 천간이 됩니다(경인월).

- 정임합(丁壬合)

오행이 목이 되며, 이 목을 생(生)하는 임수(壬水)가 1월의 천간이 됩니다(임인월).

- 무계합(戊癸合)

오행이 화가 되며, 이 화를 생(生)하는 갑목(甲木)이 1월의 천간이 됩니다(갑인월).

그리고 이를 표로 나타내면 아래와 같습니다.

연＼월	1	2	3	4	5	6	7	8	9	10	11	12
甲己	丙寅	丁卯	戊辰	己巳	庚午	辛未	壬申	癸酉	甲戌	乙亥	丙子	丁丑
乙庚	戊寅	己卯	庚辰	辛巳	壬午	癸未	甲申	乙酉	丙戌	丁亥	戊子	己丑
丙申	庚寅	辛卯	壬辰	癸巳	甲午	乙未	丙申	丁酉	戊戌	己亥	丁子	辛丑
丁壬	壬寅	癸卯	甲辰	乙巳	丙午	丁未	戊申	己酉	庚戌	辛亥	壬子	癸丑
戊癸	甲寅	乙卯	丙辰	丁巳	戊午	己未	庚申	辛酉	壬戌	癸亥	甲子	乙丑

너무 어려운가요? 하지만 걱정하실 필요 없습니다. 이런 방법

이 있다는 것뿐이지, 실제로 사주를 풀 때에는 '만세력(萬歲曆)'을 통해 연월일시의 간지를 모두 알 수 있으니까요.

그리고 만세력 이야기가 나와서 말인데, 이 책은 꼭 갖추시기 바랍니다. 우리가 영한 사전 없이 영어 공부를 할 수 없듯이(지금은 셀폰이나 컴퓨터로 검색하는 경우가 더 많지만), 명리학 공부를 하려면 꼭 필요한 책이기 때문입니다.

일주(日柱) 구하기

일주는 절기에 상관없이 태어난 날의 간지를 만세력에서 찾아보시면 됩니다.

그런데 여기서 주의할 것은, 자시(子時, 오후 11시부터 다음날 오전 1시)부터 하루가 시작됨을 꼭 명심해야 한다는 점입니다. 따라서 오늘 밤 11시 이후는 곧 내일이 되는 것이지요.

그리고 일간은 자기 자신을, 일지는 배우자를 가리킨다는 사실도 알아 두셔야겠지요. 그래서 명리학에서는 네 기둥 여덟 글자 중 월지와 일간을 가장 중요하게 여깁니다.

이 밖에 일본에서 건너온, 자시를 둘로 나누어 보는 '야자시(夜子時)·조자시(朝子時) 이론'이 있으나 여기서는 생략하겠습니다.

시주(時柱) 구하기

시주는 십이지지 순서에 따라 자시(전날 오후 11시~다음날 오전 1시)부터 해시(오후 9시~오후 11시)까지 하루를 열둘로 나누는데, 이를 표로 나타내면 아래와 같습니다.

日＼時	子	丑	寅	卯	辰	巳	午	未	申	酉	戌	亥
甲己	甲子	乙丑	丙寅	丁卯	戊辰	己巳	庚午	辛未	壬申	癸酉	甲戌	乙亥
乙庚	丙子	丁丑	戊寅	己卯	庚辰	辛巳	壬午	癸未	甲申	乙酉	丙戌	丁亥
丙申	戊子	己丑	庚寅	辛卯	壬辰	癸巳	甲午	乙未	丙申	丁酉	戊戌	己亥
丁壬	庚子	辛丑	壬寅	癸卯	甲辰	乙巳	丙午	丁未	戊申	己酉	庚戌	辛亥
戊癸	壬子	癸丑	甲寅	乙卯	丙辰	丁巳	戊午	己未	庚申	辛酉	壬戌	癸亥

그런데 시주를 정하는 데 있어서 표준시를 무엇으로 할 것인가 하는 문제가 있습니다.

우리는 지금 동경 135도를 기준으로 표준시를 정하고 있는데, 이 지점은 우리 영토 밖입니다. 따라서 실제로 시간 차이가 나게 되므로, 사주를 푸는 데 있어서 동경 127.3도인 대전을 기준으로 표준시를 잡자는 주장이 만만찮기 때문입니다.

그렇게 되면 동경시(동경 135도가 일본 동경과 가깝기 때문에 이렇게 이름붙인 것입니다)와 시간적으로 31분이 차이 나기 때문에 자시가 오후 11시에서 다음날 오전 1시가 아닌, '오후 11시 31분에서 다음날 오전 1시 31분'이 되지요.

이 문제는 전문 역술인들도 저마다 의견이 다르므로, 어떤 표준시를 택할 것인가는 스스로 판단하시면 되겠습니다. 단 지금은 기초부터 배우는 과정이므로, 모든 과정을 마치기 전까지는 그냥 단순히 동경시를 기준으로 공부하시는 게 나을 것 같군요.

그리고 서머 타임(summer time) 문제도 있지만, 여기선 생략하도록 하겠습니다.

또 '월주 구하기'에서 배운 것처럼 연간을 알면 시주도 '간합'을 이용하여 알 수 있는데, 역시 원리만 설명해 놓을 테니 이런 공식이 있다는 것만 알고 넘어가시기 바랍니다.

- 갑기합(甲己合)

오행이 토가 되며, 이 토를 극(剋)하는 갑목(甲木)이 자시의 천간이 됩니다(갑자시).

- 을경합(乙庚合)

오행이 금이 되며, 이 금을 극(剋)하는 병화(丙火)가 자시의 천간이 됩니다(병자시).

- 병신합(丙辛合)

오행이 수가 되며, 이 수를 극(剋)하는 무토(戊土)가 자시의 천간이 됩니다(무자시).

- 정임합(丁壬合)

오행이 목이 되며, 이 목을 극(剋)하는 경금(庚金)이 자시의 천간이 됩니다(경자시).

- 무계합(戊癸合)

오행이 화가 되며, 이 화를 극(剋)하는 임수(壬水)가 자시의 천간이 됩니다(임자시).

그리고 앞서 '월주 구하기'에서 '생(生)하다'라는 표현이 나오고 여기서는 '극(剋)하다'라는 표현이 나오는데, 이는 3장의 '상생·상극이란?' 편에 자세히 설명해 놓았습니다.

그럼 이때까지 공부한 연월일시 네 기둥의 특성을 표로 한번 정리해 보지요.

시주	일주	월주	연주
시	일	월	연
열매[實]	꽃[花]	싹[苗]	뿌리[根]
자식, 후손	자기	부모, 형제, 직업	가문, 조상
	배우자		
노년(15년)	중년(15년)	청년(15년)	초년(15년)

대운(大運) 구하기

자, 지금까지 연월일시 네 기둥을 세우는 공부를 했으니 이제 운의 흐름을 알아볼까요?

한 사람의 운은 10년을 주기로 바뀌는데, 이 10년 동안의 운을 대운이라고 합니다. 그리고 한 해마다 바뀌는 운을 세운(歲運) 또는 연운(年運)이나 유년(流年)이라고 하지요.

명리학 공부를 하다 보면 이런 말을 가끔 듣습니다.

'사주 불여 대운(四柱不如大運)'

사람의 운명을 놓고 볼 때, 명(命)인 사주팔자가 운(運)인 대운만 같지 못하다는 뜻이지요. 그래서 명운이 아닌 운명인가요?

사주팔자가 자동차라 한다면, 대운은 길이라 할 수 있습니다. 그런데 롤스로이스 아니라 세상없는 차라도 길이 울퉁불퉁하고 험난하다면, 마티즈가 고속도로를 달리는 것보다 훨씬 힘들고 느리겠지요. 아예 갈 수 없는 길도 있을 테고요.

그래서 타고난 명보다 운의 흐름이 더 중요하다는 것이고, 어떻게 살아가느냐에 따라 얼마든지 운명이 바뀔 수도 있다는 말입니다.

그럼 지금부터 대운에 대해서 자세히 알아보도록 할까요?

우선 대운이 흐르는 방향은 남자인가 여자인가, 또 태어난 해의 연간이 양(갑·병·무·경·임)인가 음(을·정·기·신·계)인가에 따라 달라집니다.

그리고 그 흐름이 '갑·을·병·정·무·기·경·신·임·계' 순서로 나가는 것을 순행(順行), 거꾸로 '계·임·신·경·기·무·정·병·을·갑' 순서로 나가는 것을 역행(逆行)이라 하지요. 물론 대운의 지지도 마찬가지고요.

이를 바탕으로 '남녀·음양'에 따른 방향을 정리해 보면 아래와 같습니다.

남자가 양년(陽年)에 태어나면 순행합니다.

여자가 음년(陰年)에 태어나면 순행합니다.

남자가 음년(陰年)에 태어나면 역행합니다.

여자가 양년(陽年)에 태어나면 역행합니다.

양년? 어감이 좀 거슬리긴 하네요……. 그리고 출발점은 순행 · 역행에 관계없이 월주가 됩니다.

또 순행하는 대운을 '미래절(未來節)', 역행하는 대운을 '과거절(過去節)'이라고 하지요.

글로 장황하게 설명하는 것보다 예를 드는 게 더 낫겠네요.

• 1988년 음력 1월 1일 묘시 출생(남자)

시	일	월	연
乙	癸	甲	戊
卯	卯	寅	辰

庚	己	戊	丁	丙	己
申	未	午	巳	辰	卯

• 1988년 음력 1월 1일 묘시 출생(여자)

시	일	월	연
乙	癸	甲	戊
卯	卯	寅	辰

戊	己	庚	辛	壬	癸
申	酉	戌	亥	子	丑

위 예에서 보면 무진년이 '양년'이므로 남자인 경우에는 대운이 순행하였고, 여자인 경우에는 역행하였음을 알 수 있습니다.

그럼 이제 대운수(大運數)에 대해서 알아볼까요?

사람마다 1에서 10[旬]까지의 숫자가 대운의 간지 위에 붙게 되는데, 이는 살아가면서 각자 나이별로 맞게 되는 대운의 기준이 되는 것입니다. 그래서 대운수라고 하지요.

이 대운수는 태어난 해의 음양과 성별에 따라 달라지는데, 그 정하는 법을 설명하면 아래와 같습니다.

또 골치 아파지시기 시작하나요?

하지만 걱정 붙들어 매세요. 만세력을 보면 일주 밑에 남녀별로 구분하여 친절하게 대운수를 붙여 놓았으니, 실제로 계산해서 구할 일은 없습니다. 다만 '아하, 이런 원리로 대운수가 정해지는구나.' 하는 정도만 아시면 되겠지요.

먼저 대운이 순행하면, 그 사주의 생일에서 다음달 절기가 들어오는 날까지 날짜 수를 세어서 3으로 나눈 수가 대운수가 됩니다(절기가 들어온 날도 포함해서 날짜 수를 셉니다).

반대로 대운이 역행하면, 생일이 포함된 달이 들어오는 절기까지 거꾸로 날짜 수를 세어서 역시 3으로 나눈 수가 대운수가 되지요.

그런데 여기서 두 가지 원칙이 있습니다.

첫째, 일사이입(一捨二入)의 원칙입니다. 3으로 나누고 남은 수가 1이면 버리고 2면 올림하여 쓴다는 것이지요.

둘째, '0대운'은 없다는 것입니다. 가령 순운(順運)이든 역운(逆運)이든 절기 때까지 하루나 이틀밖에 날짜가 없다고 할 때, 3으로 나누면 '0.33……'이나 '0.66……'이 되지요. 이 경우에 대운수를 무조건 1로 친다는 것입니다. 이렇게 대운수가 소수인 경우가 많아, 사람들마다 대운이 바뀌는 시점이 몇 달씩 차이가 나기도 하지요.

그럼 위에서 든 예에 대운수를 붙여 볼까요?

시	일	월	연
乙	癸	甲	戊
卯	卯	寅	辰

55	45	35	25	15	5
庚	己	戊	丁	丙	乙
申	未	午	巳	辰	卯

시	일	월	연
乙	癸	甲	戊
卯	卯	寅	辰

55	45	35	25	15	5
戊	己	庚	辛	壬	癸
申	酉	戌	亥	子	丑

1988년의 '입춘'은 전해인 1987년 음력 12월 17일에 들어왔습니다. 따라서 1988년 음력 1월 1일에 태어났으면 해가 바뀌었으므로 남자는 순행, 여자는 역행을 하게 되지요.

그리고 날짜 계산을 해 보면 순행인 남자는 다음 절기인 '경칩'까지 16일, 역행인 여자는 이전 절기인 '입춘'까지 14일이 됩니다. 이를 각각 3으로 나누면 대운수가 똑같이 5가 됨을 알 수 있겠지요(일사이입)?

총정리

그럼 여태까지 배운 내용을 정리하는 뜻에서, 생년월일 몇 개를 골라 네 기둥을 세우고 대운을 붙여 볼까요?

아래에서 건명(乾命)은 남자 사주를, 곤명(坤命)은 여자 사주를 뜻하는 말입니다.

또 날짜는 모두 음력입니다(뒤에 나오는 모든 예도 마찬가지입니다).

• 1977년 5월 8일 오전 5시 15분(건명)

시	일	월	연
癸	壬	丙	丁
卯	子	午	巳

56	46	36	26	16	6
庚	辛	壬	癸	甲	乙
子	丑	寅	卯	辰	巳

1977년은 '음년'이고 남자 시주이므로 대운이 역행하였습니다.

• 1979년 3월 8일 오후 4시 (곤명)

시	일	월	연
丙	辛	丁	己
申	丑	卯	未

51	41	31	21	11	1
癸	壬	辛	庚	己	戊
酉	申	未	午	巳	辰

1979년에는 3월 절기인 '청명'이 3월 9일에 들어왔습니다. 따라서 사주상 아직 2월이므로 월주는 '정묘'가 되지요.

또 '음년'의 여자 사주이므로 대운이 순행하였습니다.

• 1979년 1월 8일 오후 1시 30분 (건명)

시	일	월	연
丁	壬	乙	戊
未	寅	丑	午

51	41	31	21	11	1
辛	庚	己	戊	丁	丙
未	午	巳	辰	卯	寅

1979년에는 1월 절기인 '입춘'이 1월 8일 오후 7시 13분에 들어왔습니다. 따라서 입춘이 들어오기 전 시간에 태어났으므로 연

주는 전해인 '무오', 월주 역시 전해 12월인 '을축'이 되는 게지요.

또 전해인 무오년이 양년이고 남자 사주이므로 대운이 순행하였습니다.

• 1986년 5월 8일 오후 11시 30분(곤명)

시	일	월	연
丙	庚	甲	丙
子	寅	午	寅

53	43	33	23	13	3
戊	己	庚	辛	壬	癸
子	丑	寅	卯	辰	巳

태어난 시간이 오후 11시 30분이므로 날짜가 넘어가 그 다음 날 자시가 됩니다. 따라서 일주는 5월 9일에 해당하는 '경인'이 되지요.

또 '양년'의 여자 사주이므로 대운이 역행하였습니다.

• 1986년 5월 8일 오후 10시 30분(건명)

시	일	월	연
乙	己	甲	丙
亥	丑	午	寅

58	48	38	28	18	8
庚	己	戊	丁	丙	乙
子	亥	戌	酉	申	未

위의 예와 날짜가 같지만, 태어난 시간이 오후 11시 이전이므로 날이 안 바뀌지요.

또 '양년'의 남자 사주이므로 대운이 순행합니다.

• 1969년 6월 26일 오전 4시(곤명)

시	일	월	연
戊	乙	壬	己
寅	卯	申	酉

51	41	31	21	11	1
戊	丁	丙	乙	甲	癸
寅	丑	子	亥	戌	酉

1969년에는 7월 절기인 '입추'가 6월 26일 오전 2시 14분에 들어왔군요. 따라서 절기가 바뀌고 나서 태어났으므로 월주가 '임신'이 됩니다.

또 '음년'의 여자 사주이므로 대운이 순행합니다.

• 1969년 6월 26일 오전 오전 2시(건명)

시	일	월	연
丁	乙	辛	己
丑	卯	未	酉

51	41	31	21	11	1
乙	丙	丁	戊	己	庚
丑	寅	卯	辰	巳	午

위의 사주와 연·월·일이 똑같지만 '입추'가 들어오는 시간 전에 태어났으므로, 월주는 6월에 해당하는 '신미'가 됩니다.

또 '음년'의 남자 사주이므로 대운이 역행합니다.

• 1979년 윤6월 9일 오전 1시 38분 (곤명)

시	일	월	연
丁	庚	辛	己
丑	子	未	未

53	43	33	23	13	3
丁	丙	乙	甲	癸	壬
丑	子	亥	戌	酉	申

윤달에 절대 현혹되지 마시라고 이 예를 준비했습니다. 명리학에서는 오로지 절기와 더불어 달이 바뀌고 해가 바뀔 뿐이지요.

1979년 윤6월 9일은 '소서'와 '입추' 사이에 있습니다. 따라서 월주는 당연히 6월에 해당하는 '신미'가 되겠지요.

또 '음년'의 여자 사주이므로 대운이 순행합니다.

3

●

풀기 전에

지금까지 사주팔자 네 기둥 세우는 법을 배웠고, 대운의 흐름까지 붙일 수 있게 되었습니다.

우리가 철학관에 상담을 하러 가면, 대개 역술인이 백지에다 사주팔자와 대운까지 적어 놓고 풀이를 시작하지요.

이제부터는 사주를 풀이하는 데 꼭 필요한 지식들을 익히게 될 텐데요, 너무 부담 갖지 마시고 하나씩 차근차근 소화해 가며 좇아오시면 됩니다.

그리고 사주 풀이는 이 모든 단편 지식들을 망라하여 종합적으로 판단하는 것이므로(이를 복식 판단이라 하지요), 단순히 한 가지 변수만을 가지고 전체를 말할 수는 없다는 점을, 다시 말해서 단식 판단은 '나무를 보느라 숲을 보지 못하는' 잘못을 범할 수밖에 없다는 점을 늘 염두에 두시기 바랍니다.

다시 한 번 강조합니다.

아래에 나오는 사항들은 한 사람 사주에 있어서 극히 일부분일 뿐입니다. 그러므로 '당신 사주엔 충이 있어서 어떻다느니', '당신은 무슨 살이 끼었으니 어떻게 하라느니' 하면서 마치 한 사람 사주의 전부인 양 늘어놓는 말에 절대 홀리지 마시기 바랍니다.

상생(相生) · 상극(相剋)이란?

1장의 '오행이란?' 편에서 오행을 '목 · 화 · 토 · 금 · 수' 순서로 외우시라고 한 거 기억나시지요? 가물가물하시면 다시 한 번 되새기시고, 지금부터 오행의 상생과 상극에 대해 살펴보기로 하겠습니다.

상생

상생은 말 그대로 서로 돕고 자라게 하는 관계를 말하는 것이지요. 그리고 그 순서는 위에 말한 오행의 순서 그대로, 앞에서 뒤를 생해 줍니다. '목생화(木生火) · 화생토(火生土) · 토생금(土生金) · 금생수(金生水) · 수생목(水生木)', 이렇게 되는 것이지요.

풀어서 설명하자면 나무는 불을 생하고, 불은 흙을 생하며, 흙은 쇠를 생하고, 쇠는 물을 생하며, 물은 나무를 생합니다.

여기서 '목생화'를 예로 들자면, 나무를 때서 불을 지피는 것과 같은 이치지요.

이를 한눈에 알 수 있도록 그림으로 나타내면 아래와 같습니다.

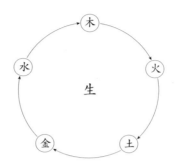

상극

상극은 말 그대로 서로 억누르고 해치는 관계를 말하는 것이지요. 그리고 역시 위에서 말한 순서에서 오행 하나를 건너뛰고서, 앞에서 뒤를 극합니다. '목극토(木剋土)·토극수(土剋水)·수극화(水剋火)·화극금(火剋金)·금극목(金剋木)', 이렇게 되는 것이지요.

역시 풀어서 설명하자면 나무는 흙을 극하고, 흙은 물을 극하며, 물은 불을 극하고, 불은 금을 극하며, 금은 나무를 극합니다.

여기서 '수극화'를 예로 들자면, 물로 불을 끄는 것과 같은 이치지요.

이를 한눈에 알 수 있도록 그림으로 나타내면 아래와 같습니다.

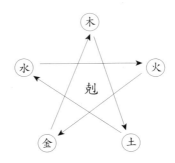

그런데 상생과 상극도 서로 힘의 조화가 이루어져야 제대로 힘을 발휘할 수 있는 것입니다.

암만 '목생화'라지만 성냥개비로 통나무에 불을 붙일 순 없고, '수극화'라 해도 집채가 거세게 불타고 있는데 물 한 바가지 부어 봐야 증발해 버리듯이 말입니다.

따라서 오행의 작용력은 그 음양이 양은 양끼리, 음은 음끼리 일 때에 확실하다고 생각하시는 게 좋겠습니다.

지장간(支藏干)이란?

지장간은 암장간(暗藏干)이라고도 하는데, 지지에 숨어 있는 십간을 말합니다.

십이지 중 '인'을 예로 들어 볼까요?

인을 십간으로 나타내면 당연히 '갑'이지만, 이 갑과 더불어 '무'와 '병'도 숨어 있다고 보는 것입니다.

이는 인월이 축월 다음이므로 축월의 기운인 '토'의 영향을 받아서 '무토'가 넘어오고, 다음에 '병화'를 거쳐 비로소 '갑목'이 된다는 것이지요.

예를 하나 더 들어 볼까요?

3월인 진월의 지장간은 '을·계·무'인데, 이 역시 2월인 묘월의 목기가 넘어와 '을목'이 되고, '계수'를 거쳐 본래 오행인 '무토'가 되는 것이지요.

그래서 지난달에서 넘어온 기운인 '을'을 '초기(初氣)' 또는 '여기(餘氣)'라 하고(지난달 기운의 나머지 부분이므로), 잠시 머무르는 '계'를 '중기(中氣)', '무'는 '진토' 본래의 기운이므로 '정기(正氣)'라 하는 것입니다.

여기서 여담 한마디.

우리가 재미 삼아 별자리 운세를 볼 때에도 이 '여기'를 활용할 수가 있습니다.

제 경우에는 '양자리(양력 3월 21일~4월 19일)'인데, 태어난 날짜가 양력으로 3월 22일이다 보니 바로 앞인 '물고기자리(양력 2월 19일~3월 20일)'의 특성과 아울러 보면 더 맞는 것 같더군요. 어디까지나 심심풀이에 지나지 않지만 말입니다.

이 지장간은 명리학을 공부하는 데 있어서 너무도 중요한 항목이므로 꼭 외우시기 바랍니다. 왜냐하면 지장간을 잘 활용할 수 있어야만 앞으로 배울 '육신·육친', 그리고 '격국'과 '용신'을 알 수 있기 때문입니다.

그리고 우리가 앞으로 배울 '합'이나 '충' 등을 살필 때에도 지지에 숨어 있는 지장간까지 찾아서 맞춰 보아야 하지요(이를 '암합[暗合]·암충[暗沖]'이라 합니다).

그러면 표를 통해 각 지지의 지장간을 정리해 볼까요?

구분	寅	卯	辰	巳	午	未	申	酉	戌	亥	子	丑
여기 (餘氣)	戊	甲	乙	戊	丙	丁	戊	庚	辛	戊	壬	癸
중기 (中氣)	丙		癸	庚	己	乙	壬		丁	甲		辛
정기 (正氣)	甲	乙	戊	丙	丁	己	庚	辛	戊	壬	癸	己

위 표를 자세히 보시면 일정한 법칙이 있음을 아실 수 있을 겁니다. 외우시는 데 참고가 되겠지요.

그리고 위에서 '자·오·묘·유' 중 '오'만 기토를 중기로 가지고 있는 점에 주의하시기 바랍니다.

간합(干合)이란?

드디어 앞에서 잠깐 이야기한 바 있는 천간합입니다. 줄여서 간합이라고 하지요.

간합은 천간끼리 음과 양이 짝을 이루어 새로운 오행을 탄생시키는데, 마치 남녀가 만나 자식을 낳는 것 같다 하여 '부부합'이라고도 합니다.

그리고 천간 열 개 중 반드시 여섯 번째 글자와 합을 이루므로 '육합(六合)'이라고도 하지요(가짓수가 모두 여섯 개이므로 지합을 달리 육합이라 부르는 것과는 다릅니다).

이러한 간합이 많으면 주위 사람들에게 인기가 있는 편이며, 설사 사주엔 없다 하더라도 대운이나 세운에서 만나면 같은 작용을 합니다.

그래서 간합이 많은 사주를 이성 관계가 복잡한 것으로 풀이하기도 하는데, 지나친 편견이 아닐 수 없지요.

이왕 말이 나왔으니 중요한 원리 두 가지!

첫째, 간합뿐만 아니라 다른 작용들 역시 원래 사주엔 없더라도 대운이나 세운에서 그 작용이 이루어지는 간지를 만나면, 그 기간 동안에는 같은 영향력을 발휘하게 됨을 꼭 기억하시기 바랍니다.

둘째, 그리고 어떤 관계를 이루는 간지가 바로 옆에 있을 때에 가장 작용력이 강하고, 멀리 떨어지면 떨어질수록 그 작용력이 약해집니다.

그러면 지금부터 다섯 가지 간합을 하나하나 살펴볼까요?

• 갑기합(甲己合)

중정지합(中正之合)·신의지합(信義之合), 오행이 '토'로 변합니다.

갑과 기는 합을 이루므로 '목극토'에 해당되지 않습니다. 갑목이 기토를 극하기는커녕 오히려 힘을 실어 주지요.

그리고 대체로 마음이 넓고 분수를 지키는 편이며, 남들과 다투기를 꺼려하여 주위로부터 존경을 받기도 합니다.

그럼 예를 하나 들어 볼까요?

시	일	월	연
丙	甲	己	辛
寅	申	亥	酉

• 을경합(乙庚合)

인의지합(仁義之合), 오행이 '금'으로 변합니다.

역시 경금이 을목을 극하지 않으며, 여기서는 을이 경의 힘을 북돋워 주지요.

의로움을 중하게 여기므로 과감하고 강직한 성격입니다. 그러나 한편으로는 잔정이 없고 인색한 면도 있지요.

예를 들어 보겠습니다.

시	일	월	연
戊	壬	(庚)	(乙)
申	午	辰	丑

• 병신합(丙辛合)

위엄지합(威嚴之合), 오행이 '수'로 변합니다.

역시 병화가 신금을 극하지 않으며, 서로 힘을 합쳐 '수'를 만들어 냅니다.

또 의로움을 좇고 위엄 또한 있으나 다소 잔인할 수 있으며, 수가 왕성해지므로 그 기운이 신장과 생식기로 몰려 이성에 대한 관심이 상당한 편입니다. 한마디로 색(色)을 밝히는 편이지요.

그리고 대운이나 세운에서 합이 되는 경우에는 삼각관계로 인한 의처증이나 의부증이 생길 수 있으니, 집안에 바람 잘 날이 없겠지요.

예를 들어 보겠습니다.

시	일	월	연
癸	(辛)	丁	(丙)
巳	酉	酉	寅

• 정임합(丁壬合)

인수지합(仁壽之合) · 음란지합(淫亂之合), 오행이 '목'으로 변합니다.

역시 정화와 임수는 서로 다투지 않고 힘을 모아 '목'으로 변합니다.

성격은 감정이 예민한 반면에 마음은 넓은 편이며, 과대망상이 지나쳐 잘난 체한다는 비난을 듣기도 하지요.

또 지나치게 강해진 힘이 자칫 색정(色情)에 치우쳐 음란해질수도 있으니 조심해야 합니다. 그리고 늦게 결혼을 하거나 나이차이가 많은 배우자를 맞을 수도 있지요.

그럼 예를 들어 볼까요?

시	일	월	연
壬	丁	丙	戊
寅	酉	辰	辰

• 무계합 (戊癸合)

무정지합(無情之合), 오행이 '화'로 변합니다.

무토와 계수가 합하여 '화'로 변하니 서로 다툴 일이 없겠지요.

이 화로 인해 몸에 열기가 오르므로 용모가 아름다운 사람이 많은 데 반해, 속마음은 차갑고 무정한 편이라 '무정지합'이라 하는 것입니다.

그리고 의외로 결혼에 장애가 따를 수 있으며, 여자의 경우에는 나이 많은 배우자를 만나기 쉽습니다.

예를 들어 보지요.

시	일	월	연
癸	庚	戊	己
未	子	辰	巳

지합(支合)이란?

지지도 천간처럼 합을 이룹니다. 이를 지지합, 줄여서 지합이라고 하지요.

지합에는 육합(六合)·삼합(三合)·방합(方合) 이렇게 세 가지가 있는데, 육합은 복잡하기만 할 뿐 실제 사주 풀이에 별로 쓰이지 않으므로 여기서는 삼합과 방합만 설명하도록 하겠습니다.

삼합(三合)

주위에서 이런 말을 자주 듣지요.

'무슨 띠하고 무슨 띠가 만나면 잘산다.'

당사주를 믿는 사람들이 궁합을 보면서 흔히 하는 말인데, 여기서 무슨 띠와 무슨 띠는 네 살 터울이 됩니다. 예를 들면 '닭띠와 소띠', '돼지띠와 토끼띠' 등을 말하는 것이지요.

물론 태어난 해만을 가지고 궁합을 따진다는 자체가 말도 안되는 소리지만(태어난 날로 따지면 그나마 좀 낫습니다), 십이지지 중

다섯 번째 지지끼리 합이 되는 것은 맞습니다. 아마 당사주에서 말하는 '띠 궁합'도 여기에 근거를 둔 이론일 테지요.

이것이 바로 삼합인데, 지금부터 구체적으로 알아볼까요?

신자진(申子辰) : '수국(水局)'이 됩니다.

인오술(寅午戌) : '화국(火局)'이 됩니다.

해묘미(亥卯未) : '목국(木局)'이 됩니다.

사유축(巳酉丑) : '금국(金局)'이 됩니다.

위에서 보면 각각 다섯 번째 지지들로 묶인 것을 알 수 있지요?

그리고 위에서 '수국이 됩니다'란 말은 세 지지가 합쳐서 오행이 '수'로 변한다는 말입니다. 나머지 세 경우도 마찬가지고요.

그런데 이런 변화가 아무런 원칙 없이 이루어진 것은 아닙니다.

여기서 우리가 앞에서 공부한 지장간을 활용하게 되는데, '신자진'을 예로 들어 설명해 볼까요?

자야 원래 오행이 수이므로 넘어가고 신의 지장간은 '무ㆍ임ㆍ경'이지요. 진의 지장간은 '을ㆍ계ㆍ무'고요.

자, 어떠세요? '신ㆍ진' 두 글자의 지장간을 보면 중기가 모두 수임을 알 수 있지요?

그래서 '자'와 합하여 수국을 이룰 수 있는 겁니다. 나머지도 마찬가지니 직접 한번 따져 보세요.

그리고 바뀌는 오행은 모두 가운데 지지(자 · 오 · 묘 · 유)의 오행을 따른다는 것도 알 수 있습니다.

이 삼합은 다음에 설명할 방합과 함께 매우 중요합니다(꼭 외우도록 하세요).

왜냐하면 원래 사주에 있는 여덟 글자의 오행보다, 이렇게 바뀐 오행의 힘이 더욱 강력하기 때문입니다.

그리고 이렇게 세 글자 모두 갖춰지지 않은 경우에는 '반합(半合)'이라 하여, 삼합의 힘에는 못 미쳐도 역시 같은 작용을 하는 것으로 칩니다.

'신자진'을 예로 들면 사주에 '신진', '신자', '자진'만 있는 경우지요.

그럼 삼합의 예를 한번 볼까요?

방합(方合)

앞에서 십이지를 배울 때, '인묘진 · 사오미 · 신유술 · 해자축'으로 묶어서 외우시는 게 좋다고 말한 적이 있는데, 이제 써먹을 때가 왔군요.

방합은 다른 말로 '계절합(季節合)'이라고도 합니다. 각각 봄·여름·가을·겨울을 나타내기 때문이지요.

그리고 앞에서 배웠듯이, 각 계절은 순서대로 동방·남방·서방·북방을 나타내므로 방합이라 칭하는 것이고요.

그럼 복습하는 뜻에서 구체적으로 살펴볼까요?

인묘진(寅卯辰) : 목국·동방·봄

사오미(巳午未) : 화국·남방·여름

신유술(申酉戌) : 금국·서방·가을

해자축(亥子丑) : 수국·북방·겨울

위에서 보면 '인묘진'에서 인과 묘는 목이지만 진은 토입니다.

그러나 이 세 글자가 다 있는 경우, 모두 같은 동방을 나타내므로 진토 역시 목으로 변하여 전체적으로 목국이 된다는 것입니다. 물론 나머지 세 경우도 마찬가지고요.

이 방합은 오행의 성질이 같은 것으로만 모여 있기 때문에, 간합을 포함한 여러 가지 합 중에서 가장 힘이 강하게 작용합니다.

그리고 삼합의 경우와는 달리, 반합은 인정하지 않습니다(소수 의견이기는 하지만, 인정해야 한다고 주장하는 이들도 있습니다).

그럼 방합의 예를 들어 보도록 하지요.

시	일	월	연
辛	甲	癸	辛
(未)	(午)	(巳)	酉

간충(干沖)이란?

우리는 앞에서 극(尅)에 대해 배웠습니다. 충도 역시 극처럼 상대를 억누르고 해치는 작용을 하는데, 그래서 명리학에서 충이란 '충(衝)'의 뜻을 지닙니다.

다만 한쪽이 다른 한쪽에 일방적으로 피해를 입히는 극과 달리, 충은 서로 충돌함으로써 같이 피해를 입는다는 차이가 있지요.

또 극보다는 더욱 강한 힘으로 작용한다는 사실도 기억해 두세요.

충이 나쁘게 작용할 때에는 질병, 사고, 수술, 관재(官災), 구설수(口舌數) 등이 생길 수 있습니다.

그렇다고 충·극이 꼭 나쁘게만 작용하는 것은 아닙니다.

뒤에서 배우겠지만, 기신(忌神, 꺼리는 오행)이나 흉신(凶神)을 충하거나 극해 준다면 피해야 할 오행을 제압해 주는 것이므로 오히려 좋아지겠지요.

이 밖에도 '형(刑)'·'파(破)'·'해(害)' 등이 있으나, 별 작용력이 없는 데 반해 단식 판단에 너무 얽매이게 만들 수 있으므로 생략하겠습니다.

간충은 천간충을 줄인 말입니다.

앞에서 간합을 설명할 때, 여섯 번째 글자와 합하기 때문에 '육합'이라고도 한다고 말한 적이 있지요? 같은 원리로, 간충은 일곱 번째 글자와 충돌을 일으키므로 '칠충(七沖)' 또는 '칠살(七殺)'이라고도 합니다.

그리고 합이 음양의 조화인 데 반해 충은 양간은 양간끼리, 음간은 음간끼리 충돌하는 게 다른 점입니다(음간끼리 충하는 것은 그냥 극으로 보는 견해도 있습니다).

그럼 구체적으로 어떤 천간들이 서로 충하는지 볼까요(위에서 아래를 충합니다)?

甲	乙	丙	丁	戊	己	庚	辛	壬	癸
庚	辛	壬	癸	甲	乙	丙	丁	戊	己

지충(支沖)이란?

지충 역시 지지충을 줄인 말인데, 상당히 중요한 항목이므로 잘 익혀 두시기 바랍니다.

앞에서도 말한 것처럼 충을 이루는 지지 사이의 거리가 가까울수록 그 힘이 강해지며, 특히 일지가 충이 되거나 대운·세운에서 충을 만나게 되면 가정이 불안정해지거나 자신에게 많은 어려움이 따를 수 있습니다. 건강에도 문제가 생길 수 있고요.

그리고 지충이 간충보다 그 흉함이 더한데, 천간은 줄기나 가지에 해당하므로 다시 살아날 수도 있지만 지지는 뿌리 자체가 상하게 되므로 웬만해서는 회복이 힘들기 때문입니다.

우리는 앞서 지지를 네 묶음으로 해서 외우는 법을 배웠습니다. 이제는 아래와 같이 세 묶음으로 외우는 법을 배워 보지요. 역시 사주 풀이에 자주 활용되는 나눔이니 꼭 외우시기 바랍니다.

자 · 오 · 묘 · 유 : 전부 음오행입니다(화 · 수는 음양이 바뀝니다).
인 · 신 · 사 · 해 : 전부 양오행입니다.
진 · 술 · 축 · 미 : 전부 오행이 '토'입니다.

여기서 자 · 오, 묘 · 유, 인 · 신, 사 · 해, 진 · 술, 축 · 미가 각각 충을 이루는 것입니다.
역시 일곱 번째 지지를 충하는 것인데, 그림으로 나타내면 아래와 같습니다

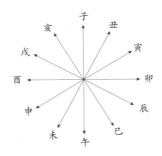

시계처럼 나열해 보니 서로 대각선 방향에 있는 지지를 충하고 있음을 알 수 있지요?

그럼 각 충의 특성을 살펴보기로 하지요.

자오충(子午沖)

일지가 충이 되면 머리는 좋으나 신경이 예민해져서 스트레스성 질환에 걸릴 염려가 있으며, 사람들과 잘 섞이지 못하여 사고나 구설수에 시달릴 수 있습니다. 가정생활이나 직업에도 문제가 끊이지 않지요.

그리고 자는 방광을 뜻하고 오는 작은창자를 뜻하므로 방광과 신장, 생식기, 작은창자 등에 문제가 생길 수 있습니다. 또 아랫배가 차기 때문에 설사를 자주 하는 편이지요.

축미충(丑未沖)

형제 사이가 벌어질 수 있으며, 생각이 많다 보니 하는 일마다 지지부진해지기 십상입니다.

그리고 축과 미가 췌장을 뜻하므로 췌장, 맹장, 위 피부 등에 병이 올 수 있지요. 또 나이 들어 갈수록 당뇨병, 췌장염, 치질, 습진 등에 걸리기 쉽습니다.

인신충(寅申沖)

관재나 교통사고 등을 조심해야 하며, 정이 많아서 많은 사람들한테 인기가 있으나 이성에 너무 집착하면 자칫 문란(紊亂)해질 우려가 있습니다.

그리고 인은 척추를 뜻하고 신은 신장을 뜻하므로 허리 디스크 등에 걸리기 쉽습니다. 또 폐와 큰창자에도 병이 올 수 있으니 담배는 특히 안 피우는 게 좋겠지요.

묘유충(卯酉冲)

남에게 배신당하기 쉬우며, 가족이나 부부 사이에 불화가 생길 수 있습니다. 또한 주변이 늘 시끄러워서 신경이 곤두서기 쉽지요.

그리고 묘는 팔다리 끝 부분이고 유는 폐를 뜻하므로 혈액 순환 이상으로 손발이 차가우며, 폐에도 질병이 생기기 쉬우니 역시 담배는 안 피우는 게 좋겠지요.

중년부터 남자는 폐암, 여자는 유방암 검진을 자주 하는 게 좋습니다.

진술충(辰戌沖)

외롭고 풍파(風波)가 심하며, 싸움에 휘말리기 쉽습니다.

그리고 진은 위를 뜻하고 술도 위와 기관지, 식도를 뜻하므로 소화기 계통 질병에 시달릴 우려가 있습니다. 그리고 당뇨병으로 고생할 수도 있고요.

또 팔다리는 가는데 유독 배만 튀어나온 체형이 많은 것도 특징입니다.

사해충(巳亥沖)

하는 일마다 늦어지며, 중심이 흐트러지기 쉽습니다. 또한 오지랖이 넓어 남한테 간섭하기를 즐기니, 스스로를 피곤하게 만드는 타입이지요.

그리고 사는 심장을 뜻하고 해는 뇌를 뜻하므로 혈압에 이상이 올 수 있으며, 뇌출혈 등으로 중풍을 앓을 수 있습니다. 또 어릴 때에 말이 늦어지는 경우도 종종 있지요.

이번에는 자리에 따른 충의 작용을 살펴볼까요?

먼저 연지와 월지가 충하면 아버지가 자수성가한 사람이기 쉽습니다. 뒤에 '육친이란?' 편에서 배우겠지만, 연주는 조상이고 월주는 부모이기 때문이지요.

월지와 일지가 충하면 시어머니와 며느리의 갈등으로 결혼생활이 힘들어집니다. 일지가 배우자 자리이기 때문이지요.

일지와 시지가 충하면 늘 주위가 어지럽고 가정이 불안정하며, 이별이 잦습니다. 또 자식과 인연이 없거나 자식 문제로 마음고생이 심하게 되는 것은 시주가 자식 자리이기 때문이지요.

신살(神殺)이란?

신살에서 신은 길신(吉神)을, 살은 흉신(凶神)을 가리키는 말입니다.

대표적인 것으로 '십이신살(十二神殺)'이란 게 있는데, 이를 포함해서 124가지나 되다 보니 경우에 따라서는 한 사람 사주에 10가지 이상이 될 때도 있습니다. 물론 살 없는 사주란 있을 수가 없고요.

그런데 조금만 생각해 보면 살이란 게 사실 단순한 공식에 지나지 않으며, 다분히 미신에 가까운 요소가 많음을 알 수 있습니다.

우리가 철학관에 상담을 하러 가 보면 이런 말을 많이 듣게 됩니다.

"당신은 무슨 살이 끼었으니 어떻게 풀어야 하고, 안 그러면 흉한 일이 끊이질 않을 거요."

특히 신점(神占)을 치는 데서 많이들 그러는데 안 들었으면 모를까, 목숨까지 들먹이는 얘기를 일단 듣고 나면 뭔지 모를 불안감에 시달리게 되지요.

그러다 보니 마음 약한 분들은 수백만 원씩 들여 가며 이른바 '살풀이'라는 것을 하게 되는데, 이 살풀이라는 것도 사실 웃기는 얘기지요.

이미 사주팔자에 있는 글자를 지울 수도 없고, 풀기는 어떻게 푼다는 말입니까?

제 경험에 따르면, 살이란 게 맞는 경우는 거의 드무니 절대 이런 장삿속에 놀아나지 마십시오.

오죽하면 명리학의 대표적인 고전으로 꼽히는 『적천수(滴天

髓)』에는 아예 신살을 언급조차 않고 있습니다.

명리학의 본질은 어디까지나 오행의 생극희기(生剋喜忌)와 왕쇠강약(旺衰强弱)에 있다는 것이지요.

여기선 그나마 들어맞는 편인 신살들을 몇 가지 골라 살펴보기로 하겠습니다. 맞는 편이라 해도 그 작용력은 미미한 정도니 참고하는 선에서 그치시길 바랍니다.

그리고 십이신살도 일부만 설명하였으니 전체가 궁금하시면 인터넷을 활용하시길……

길신(吉神)

• 화개살(華蓋殺)

십이신살에 속하는 것으로, 살이라고 표현했지만 길신에 속합니다.

화려한 꽃방석을 뜻하며, 이 살이 사주에 있는 사람은 대개 고상한 인품을 지니고 있지요.

그리고 사주에 화개가 둘 이상인 사람들 중에는 뛰어난 대학자나 교육자들이 많으며, 종교 · 철학 · 예술 분야에도 많은 사람들이 있습니다.

특히 편인(偏印)이 화개인 사람은 의사 · 한의사 · 역술인 · 연예인 등 편업(偏業)에 종사하는 경우가 많습니다(여기서 말하는 편인은 뒤에 나오는 '육신이란?' 편을 참조하십시오).

연지/일지	申子辰	寅午戌	巳酉丑	亥卯未
지지	辰	戌	丑	未

위에서 보면 연지와 일지의 묶음이 지지 삼합(三合)임을 알 수 있습니다. 그리고 삼합의 끝에 오는 지지가 곧 화개살이 됨을 알 수 있지요?

• 정록(正祿)

이 책에서는 생략하였지만 십이운성(十二運星)에서 말하는 '건록(建祿)'을 뜻하며, 그냥 '녹(祿)'이라고도 합니다.

사주에 녹이 있다는 것은 곧 자신의 뿌리가 있다는 것이므로, 관운(官運)이 좋고 의식주가 풍부한 편이지요.

그러나 사주에 비견(比肩) · 겁재(劫財)가 많은데 녹이 있으면 오히려 불행해질 수 있습니다(비견 · 겁재 역시 '육신이란?' 편을 참조하십시오).

일간을 지지에 대입하여 구하는데, 표로 나타내면 아래와 같습니다.

일간	甲	乙	丙	丁	戊	己	庚	辛	壬	癸
지지	寅	卯	巳	午	巳	午	申	酉	亥	支

위에서 보면 나머지는 음양 오행이 모두 같은데, '토[무 · 기]' 만 다른 것을 알 수 있습니다.

• 천을귀인(天乙貴人)

길신 중 최고의 길신으로 치며, 어떠한 어려운 일을 당해도 거뜬히 헤쳐 나갈 수 있습니다.

그리고 이 길신이 있는 사람은 지혜롭고 고귀한 인품을 지녔다고 하지요.

다른 길신들도 마찬가지지만, 충·극을 당하거나 뒤에 나오는 공망(空亡)이 되어서는 그 효력을 잃는 걸로 되어 있습니다.

역시 일간을 지지에 대입하여 구하며, 이를 표로 나타내면 다음과 같습니다.

일간	甲	乙	丙	丁	戊	己	庚	辛	壬	癸
지지	未,丑	申,子	酉,亥	酉,亥	未,丑	申,子	未,丑	寅,午	卯,巳	卯,巳

• 문창귀인(文昌貴人)

사주에 문창귀인이 있으면 영리하여 공부를 잘하며, 특히 학문 쪽에서 큰 성공을 거둘 수 있습니다.

그 작용력은 천을귀인과 비슷한데, 어떤 나쁜 일을 당해도 오히려 전화위복(轉禍爲福)이 되는 경우가 많다고 하지요.

역시 일간을 기준으로 지지에 대입하여 구합니다.

일간	甲	乙	丙	丁	戊	己	庚	辛	壬	癸
지지	巳	午	申	酉	申	酉	亥	子	寅	卯

• 금여록(金輿祿)

사주에 금여록이 있으면 미남·미녀인 경우가 많고, 배우자 운도 좋은 편입니다.

말 그대로 금가마를 탄 격이니 주위로부터 존경과 도움을 받으며, 특히 왕족들 사주에 이 금여록이 많다고 하지요.

마찬가지로 일간을 지지에 대입하여 구합니다.

일간	甲	乙	丙	丁	戊	己	庚	辛	壬	癸
지지	辰	巳	未	申	未	申	戌	亥	丑	寅

흉신(凶神)

• 연살(年殺)

십이신살에 속하는 것으로 도화살(桃花殺)·함지살(咸池殺)·목욕살(沐浴殺)·패신살(敗神殺)이라고도 합니다.

특히 일주나 시주에 연살이 있으면 남녀 구별 없이 색을 탐하고 풍류를 즐기는 경향이 있으며, 성욕이 지나친 편입니다.

그러나 화려한 직업을 가진 사람이라면 오히려 큰 인기를 얻을 수 있으므로, 연예인 등에게는 오히려 필요한 살이라 할 수 있겠습니다.

남자 사주에 도화가 있고 일지가 관성(官星)인 경우에는 처나 처가의 도움으로 돈을 벌 사주라고 하지요(관성은 뒤에 나오는 '육신이란?' 편을 참조하십시오). 또 여자 사주에 도화와 뒤에 나오는 역마(驛馬)가 같이 있으면 수치를 모를 정도로 음란하여, 가정을 가진 사람이라 해도 애인과 함께 도망칠 수 있다고 합니다.

구하는 법은 연지와 일지를 지지와 대입하여 보는데, 연지를 중심으로 보는 것은 당사주에서 비롯된 것이므로 일지를 기준으로 삼는 것이 타당하겠지요.

다른 살들도 마찬가지로, 일지를 기준으로 했을 때에 그 영향력이 더 커질 뿐 아니라 적중률도 높아짐을 알 수 있습니다.

연지/일지	申子辰	寅午戌	巳酉丑	亥卯未
지지	酉	卯	午	子

• 망신살(亡身殺)

역시 십이신살에 속하는 것으로, 글자 그대로 망신을 당하는 살입니다.

여기엔 부도덕한 뜻이 내포되어 있으므로 수단과 방법을 가리지 않고 목적만 달성하면 된다는 식이니, 당장 이득은 있을지언정 이름을 더럽히게 되어 결국 망신으로 이어지게 되는 것이지요.

특히 세운에서 이 살을 만나면 이별, 도난, 사업 실패, 사기 등에 시달릴 수 있습니다.

연지/일지	申子辰	寅午戌	巳酉丑	亥卯未
지지	亥	巳	申	寅

• 역마살(驛馬殺)

역시 십이신살에 속하는 것으로 이동살(移動殺)이라고도 합니다.

이 살이 사주에 있으면 여기저기 바쁘게 움직이기를 즐기며, 정해진 일보다는 변화가 많은 일을 좋아한다고 하지요.

십이신살에 나오는 지살(地殺)과 비슷하나 그 힘이 더욱 강하며, 세운에 역마 운이 나쁘게 들어오면 교통사고를 당하기 십상이니 주의해야 합니다. 옛날의 말이 지금은 자동차에 해당하기 때문이지요.

역마가 길신이면 해외 출입을 비롯해 자기 발전에 큰 도움이 되지만, 흉신으로 작용하면 한평생 소득 없이 바쁘기만 하며 가난에서 벗어나지 못한다고 합니다.

연지/일지	申子辰	寅午戌	巳酉丑	亥卯未
지지	寅	申	亥	巳

• 괴강살(魁罡殺)

명리학에서 말하는 살 중 가장 강력한 힘을 지닌 게 바로 이 괴강살입니다.

그러면 어떤 걸 괴강이라고 하는지 볼까요?

경진(庚辰) · 경술(庚戌) · 임진(壬辰) · 무술(戊戌)

위 네 가지 중 하나가 사주 어느 기둥에 있더라도 괴강으로 보는데, 요즘 들어 '무진·임술'도 포함하자는 말이 있습니다만 아직 정설은 아닙니다.

또 괴강은 길하든 흉하든 극단으로 치닫게 하는 성질이 있으며, 지지가 모두 진토 아니면 술토로 이루어진 게 그 특징입니다.

사주에 괴강이 있는 사람은 대체적으로 똑똑하고 지혜로우며, 성격 또한 정직하고 담백한 편입니다.

그리고 소유욕과 성취욕이 강하고, 다른 사람을 지배하고자 하는 욕구 또한 강한 편이지요. 따라서 이 같은 성격이 뛰어난 통솔력으로 나타나기도 하지만, 잘못하면 거만하고 포악한 면이 드러나기도 하므로 늘 자기 수양에 힘써야 합니다.

남자인 경우, 상당히 논리적이고 빈틈이 없는 반면에 지나치면 결벽증으로 비칠 수 있으므로 대인 관계를 잘 이끌어 나가야 합니다.

또 여자인 경우에는 대개 인물은 고우나 눈이 높고 주관이 뚜렷하며 고집이 지나치게 센 경우가 많아, 가정에 불화가 잦을 수 있으니 '더불어 살기'에 많은 노력을 기울여야 합니다. 배우자와 함께 신앙 생활을 하는 것도 슬기로운 방법 중 하나겠지요.

• 양인살(羊刃殺)

양인은 형벌을 다루는 살로 '양인(陽刃)'이라고도 하는데, 이는 양간(陽干)에서만 성립하기 때문입니다.

양인은 일간에서 보아 겁재(劫財)에 해당하는데, 무토인 경우에만 축이나 미가 아니라 오가 됩니다.

그러면 어떤 것들이 양인인지 먼저 볼까요?

일간	甲	丙	戊	庚	壬
지지	卯	午	午	酉	子

연월일시의 어느 지지에 있어도 다 양인이 성립하지만 그 중에서도 월지에서 만나는 것을 가장 강하게 보며, 일지에서 만나는 것을 그 다음으로 칩니다.

그리고 양인이 있는 사람은 성격이 강직한 편이라 군인이나 경찰, 검찰 등의 직업을 가진 사람들이 많습니다. 이는 겁이 없고 다소 무자비한 성격 때문인데, 사주가 좋게 흐르면 양인살의 기운이 오히려 권세와 위엄을 돋보이게 해 주지요.

여자에게 이 살이 있으면 거친 성격이 되므로 아주 나쁘다고 말하는 경우가 종종 있는데, 뒤집어 생각하면 오히려 힘든 일에 적응할 수 있는 능력이 있다는 것을 나타낸다고 할 수도 있겠지요. 여자 장군, 여자 경찰서장뿐 아니라 여자 대통령까지 입에 오르내리는 세상이니 말입니다.

그러므로 흉살이라고 고개만 설레설레 내저을 게 아니라 강한 면은 장점으로 살리고, 강팔진 면은 다독일 수 있도록 스스로 노력하고 주위에서도 도와주면 좋겠지요.

그럼 이제부터 양인살의 작용을 살펴보도록 할까요?

양인살이 연지에 있으면 조상의 업을 버리고 자기식대로 살아가려는 성향이 강하며, 은혜를 원수로 갚는 면이 있다고 합니다.

또 월지에 있으면 이기심이 지나쳐 비뚤어지고 비굴한 성격이 되기 쉽습니다.

남자가 일지에 양인이 있으면 부인이 아기 낳을 때에 고생할 수 있습니다.

그리고 역시 남자 사주에 양인이 정재(正財)와 같은 기둥에 있으면, 돈과 여자 문제로 망신을 당할 수 있습니다(정재도 '육신이란?' 편을 참조하시길).

사주에 양인이 너무 많으면 그 기질이 너무 강하여 자칫 장님이나 귀머거리로 태어날 수도 있습니다(명리학에서 무엇이 많다는 것은 세 개 이상이라는 뜻입니다).

여자 사주에 양인이 많으면 성병에 걸리기 쉽고, 너무 많으면 음란함이 지나쳐 수치심을 모를 정도라고 합니다.

● 원진살(怨嗔殺)

원진은 원망하고 미워하는 살을 말합니다.

특히 궁합 볼 때에 이 원진살을 제일 꺼리는데, 일지에 원진이 있으면 부부 해로가 어렵다고 보기 때문이지요.

어떤 책을 보면 이 원진과 합만을 적용하여 사람 사이를 '나쁜 관계'와 '좋은 관계'로 구별하기도 합니다만, 한마디로 망발에 가까운 무모함입니다. 반복되는 말이지만, 명리학은 연월일시 네 기둥 여덟 글자의 관계 속에서 종합적으로 판단해야 하는 학문이기 때문이지요.

구하는 법은 연지와 일지를 다른 지지에 대입하여 판단하는데, 역시 일지가 중심이 됩니다.
그럼 어떤 지지들이 원진 관계인가 볼까요?

연지/일지	子	丑	寅	卯	辰	巳
지지	未	午	酉	申	亥	戌

위에서 자미와 축오는 십이신살에 나오는 '육해(六害)'와 같으므로 그 작용력이 더욱 강하다고 보며, 자리로는 월지와 일지에 있을 때에 역시 그 작용력이 크다고 봅니다.

그럼 원진의 일반적인 특성을 살펴보기로 하지요.
연지와 월지가 원진이면 조부모와 부모가 불화하게 되고, 부모 사이에도 애정에 문제가 있을 수 있습니다.
월지와 일지가 원진이면 부모·형제와 불화하게 되고, 부부 사이도 좋지 않습니다.
일지와 시지가 원진이면 자녀 때문에 걱정이 끊이지 않게 됩니다.
사주에 원진이 있는 사람은 때때로 억울한 일을 당하는 경우가 있으며, 밑바닥 경험을 하는 수도 있습니다. 그러나 오히려 이런 상황들을 딛고 일어서서 크게 성공하는 사람들도 많지요.

다른 살들과 마찬가지로 충·극이나 공망을 당하면 그 작용력을 잃게 되고, 사주에 합이 많아도 그 힘이 약해집니다.

• 백호살(白虎殺)

백호살은 흉한 일이 많이 생기거나 고전에 나오는 표현대로 하자면 혈광사(血光死)한다는 것으로, 그 작용력이 크기 때문에 '백호대살(白虎大殺)'이라고도 합니다.

이 또한 괴강살처럼 지지가 토로만 이루어져 있지요.

그러면 어떤 것들이 백호살인지 볼까요?

갑진(甲辰)·을미(乙未)·병술(丙戌)·정축(丁丑)·무진(戊辰)·임술(壬戌)·계축(癸丑)

사주에 어느 자리든 위의 간지가 있으면 백호살이 되는데, 해당하는 육친에게 화상·대수술·교통사고 등 큰 사고가 생긴다는 살입니다.

백호가 일주에 있는 사람은 잔인하고 흉포하다고 하나, 실은 용감한 사람이겠지요.

그리고 연월일시를 막론하고 편재(偏財)가 백호면 아버지와 관계가 나쁘거나, 아버지에게 흉한 일이 닥치기 쉽습니다(편재는 뒤의 '육신이란?' 편에 나옵니다).

또 여자에게 관성(官星)이 백호면 남편에게, 식상(食傷)이 백호면 자식에게 흉한 일이 생기기 쉽지요(관성과 식상도 '육신이란?' 편을 참조하시길).

• 귀문관살(鬼門關殺)

이 살이 사주에 있게 되면 신경 쇠약이나 노이로제에 걸리기 쉬우며, 심한 경우에는 정신 이상이 오기도 합니다. 변태 성욕이나 알코올 중독, 약물 중독에 빠지는 경우도 간혹 있고요.

그럼 어떤 지지들이 귀문관살을 이루는지 볼까요?

子	丑	寅	卯	辰	巳
酉	午	未	申	亥	戌

위에서 보면 알 수 있듯이, 자유·인미만 빼고는 원진살과 같습니다.

그리고 지지 두 글자 중 한 자는 반드시 일지에 자리해야 하지요.

이번엔 귀문관살의 특성을 살펴볼까요?

이 살이 일지와 시지에 나란히 있으면 더욱 강하게 작용하여 의처증·의부증·변태 성욕 등이 생기기도 합니다. 또 자식으로 인한 스트레스에 시달리기도 하지요.

또 신약 사주인 경우에는 정신 이상이 오기도 합니다(신약 사주는 다음 장에 나오는 '일간의 강약이란?' 편에 나옵니다).

남자의 경우에 재성(財星), 여자의 경우에 관성(官星)에 귀문관살이 있으면 그 배우자가 변태 성욕자이거나 정신 이상자일 수 있습니다.

또한 동성동본(同姓同本)끼리의 애정 관계도 이 살이 있는 경우에 많이 맺어지지요.

귀문관살이 좋은 쪽으로 작용하면, 오히려 똑똑하고 예지력이 뛰어난 사람이 됩니다.

공망(空亡)이란?

공망은 살(殺)로도 보는데, 말 그대로 '공치고 망하는 것'을 뜻합니다.

육십갑자에서 열 자인 천간을 열두 자인 지지에 맞춰 나가다 보면 마지막에 두 글자가 남게 되는데, 이것이 공망이 되는 것이지요. 이를 고전에서는 '위(位)는 있으되 녹(祿)은 없다'라고 표현합니다.

예를 들어 천간과 지지를 '갑자·을축……' 이렇게 한 자씩 묶어 가다 보면 '계유'에서 천간은 다 끝나고 지지에 '술·해'가 남게 되는데, 이 두 글자가 공망이 되는 것이지요.

이를 표로 나타내면 다음과 같습니다.

육십갑자										공망
甲子	乙丑	丙寅	丁卯	戊辰	己巳	庚午	辛未	壬申	癸酉	戌亥
甲戌	乙亥	丙子	丁丑	戊寅	己卯	庚辰	辛巳	壬午	癸未	申酉
甲申	乙酉	丙戌	丁亥	戊子	己丑	庚寅	辛卯	壬辰	癸巳	午未
甲午	乙未	丙申	丁酉	戊戌	己亥	庚子	辛丑	壬寅	癸卯	辰巳
甲辰	乙巳	丙午	丁未	戊申	己酉	庚戌	辛亥	壬子	癸丑	寅卯
甲寅	乙卯	丙辰	丁巳	戊午	己未	庚申	辛酉	壬戌	癸亥	子丑

공망은 일주를 기준으로 다른 기둥의 간지를 대조하여 판단합니다. 위 표에서 보면 경신일에 태어난 사람은 '자ㆍ축'이 공망이 됨을 알 수 있지요.

그럼 이제 공망의 특성을 알아보기로 할까요?

연지가 공망이면 늘 고생이 따르고, 물려받을 유산이 없게 됩니다.

월지가 공망이면 부모ㆍ형제 덕이 없으며, 외로움을 벗처럼 여겨야 합니다.

일지가 공망이면 발전이 더디며, 부부 사이에 불화가 끊이지 않습니다.

시지가 공망이면 자식 덕이 없고, 불우한 말년을 보내기 쉽습니다.

비견ㆍ겁재가 공망이면 형제나 친구 등의 덕이 없습니다.

식신ㆍ상관이 공망이면 활동이 자주 막히고, 여자는 자식 운이 박하고 유산(流産)을 조심해야 합니다.

재성이 공망인 남자는 부모 덕·아내 덕·재물 운이 없습니다.

관성이 공망이면 남자는 관운(官運)·자식 운이 없으며, 여자는 남편 운이 박합니다.

인성이 공망이면 부모와 인연이 박하며, 학업을 중단하기 쉽습니다.

이 밖에 방위와 날짜도 공망을 따지는데, 예를 들어 재판하는 날이 공망이면 이기기 힘들다는 식이지요.

그리고 공망이 충·극을 당하면 흉함이 오히려 길하게 되며, 길신이 공망이 되면 그 효력이 없어지고 흉신이 공망이 되면 그 흉함이 사라집니다.

지금까지 공망의 작용력을 알아보았습니다만, 실제로 그 영향은 극히 미미한 것입니다.

한번은 아는 여자 후배가 와서 하소연을 하더군요.

"형(요새는 여자도 남자 선배를 이렇게 부르지요), 친구가 같이 가자고 해서 철학관에 갔는데 나보고 남편이 공망살이래. 그래서 단란한 가정은 꿈도 꾸지 말라는데 어떡해?"

이 정도 되면 심각하기 짝이 없는 폭력이지요. 내가 알기로 참 금실 좋은 부부 사이였는데, 갑자기 마음의 지옥이 시작되었으니 말입니다.

공망이든 살이든 그 자체만 가지고는 잘 맞지도 않는, 공식의 하나일 뿐입니다. 그러니 살이 끼었다거나 공망이라고 하면, 조금 신경 쓰라는 메시지 정도로 받아들이면 되겠지요.

육신(六神)이란?

드디어 육신입니다. 여기까지 잘 좇아오셨으면 이미 바닥은
잘 다진 것이고, 이제부터 본격적으로 기둥을 세우고 지붕을 덮어
야겠지요.

육신은 워낙 중요한 부분이므로 시간이 좀 걸리더라도 꼭꼭
씹어서 잘 소화시키시기 바랍니다. 그렇다고 내용이 너무 어렵다
거나 한 것은 아니니 긴장은 푸시고요.

육신은 열 개의 별이란 뜻으로 십성(十星)이라 불리기도 하는
데, 일간과 나머지 십간·십이지의 관계를 나타내기 위해 만들어
진 개념입니다. 여기서 일간은 '자기 자신을 나타내는 자리'며, 따
라서 '아신(我神)' 또는 '체신(體神)'이라고도 한다는 점을 다시 한
번 되새기시고요.

이를 통변성(通變星)이라 하며, 위에서 말했듯이 아래와 같이
열 가지가 있습니다.

비견(比肩) : 일간과 같은 오행으로 음양이 같습니다.
겁재(劫財) : 일간과 같은 오행으로 음양이 다릅니다.
식신(食神) : 일간이 생하는 오행으로 음양이 같습니다.
상관(傷官) : 일간이 생하는 오행으로 음양이 다릅니다.

편재(偏財) : 일간이 극하는 오행으로 음양이 같습니다.

정재(正財) : 일간이 극하는 오행으로 음양이 다릅니다.

편관(偏官) : 일간을 극하는 오행으로 음양이 같습니다.

정관(正官) : 일간을 극하는 오행으로 음양이 다릅니다.

편인(偏印) : 일간을 생하는 오행으로 음양이 같습니다.

인수(印綬) : 일간을 생하는 오행으로 음양이 다릅니다.

이 통변성은 4장에 나오는 '일간의 강약'이나 '격국' 등 여러 분야에 두루 쓰이며, 정(正)·편(偏)의 뜻을 살려 인수를 정인(正印)이라고도 합니다.

그리고 비견과 겁재를 묶어 비겁(比劫), 식신과 상관을 묶어 식상(食傷), 편재와 정재를 묶어 재성(財星), 편관과 정관을 묶어 관성(官星), 편인과 인수를 묶어 인성(印星)이라고 합니다. 이제 앞에서 나온 낱말들의 뜻을 알 수 있겠지요?

그럼 일간이 갑인 사람의 통변성을 한번 보도록 하지요.

위의 설명대로 하면 같은 갑이 비견, 을이 겁재, 병이 식신, 정이 상관, 무가 편재, 기가 정재, 경이 편관, 신이 정관, 임이 편인, 계가 인수임을 알 수 있습니다.

또 천간과 지지 모두 육신으로 나타낼 수 있는데, 지지는 지장간의 정기(正氣)를 기준으로 합니다.

그럼 천간과 지지의 육신을 각각 표로 정리해 보기로 하지요.

천간의 육신

육신 \ 일간	甲	乙	丙	丁	戊	己	庚	辛	壬	癸
比肩	甲	乙	丙	丁	戊	己	庚	辛	壬	癸
劫財	乙	甲	丁	丙	己	戊	辛	庚	癸	壬
食神	丙	丁	戊	己	庚	辛	壬	癸	甲	乙
傷官	丁	丙	己	戊	辛	庚	癸	壬	乙	甲
偏財	戊	己	庚	辛	壬	癸	甲	乙	丙	丁
正財	己	戊	辛	庚	癸	壬	乙	甲	丁	丙
偏官	庚	辛	壬	癸	甲	乙	丙	丁	戊	己
正官	辛	庚	癸	壬	乙	甲	丁	丙	己	戊
偏印	壬	癸	甲	乙	丙	丁	戊	己	庚	辛
印綬	癸	壬	乙	甲	丁	丙	己	戊	辛	庚

지지의 육신

육신 \ 일간	甲	乙	丙	丁	戊	己	庚	辛	壬	癸
比肩	寅	卯	巳	午	辰戌	丑未	申	酉	亥	子
劫財	卯	寅	午	巳	丑未	辰戌	酉	申	子	亥
食神	巳	午	辰戌	丑未	申	酉	亥	子	寅	卯
傷官	午	巳	丑未	辰戌	酉	申	子	亥	卯	寅
偏財	辰戌	丑未	申	酉	亥	子	寅	卯	巳	午
正財	丑未	辰戌	酉	申	子	亥	卯	寅	午	巳
偏官	申	酉	亥	子	寅	卯	巳	午	辰戌	丑未
正官	酉	申	子	亥	卯	寅	午	巳	丑未	辰戌
偏印	亥	子	寅	卯	巳	午	辰戌	丑未	申	酉
印綬	子	亥	卯	寅	午	巳	丑未	辰戌	酉	申

그리고 육신도 오행처럼 생·극 관계가 있는데, 오행과 같이 바로 뒤에 있는 통변성을 생하고 하나씩 건너뛰어 극합니다.

비겁 – 식상 – 재성 – 관성 – 인성(앞에서 뒤를 생합니다)
비겁 – 재성 – 인성 – 식상 – 관성(앞에서 뒤를 극합니다)

그럼 지금부터 각 통변성의 특성을 살펴보기로 하지요. 다음 장의 '격국이란?' 편에서 다시 나오므로 여기서는 간단히 설명하겠습니다.

비견(比肩)

비견은 말 그대로 '어깨를 견준다'라는 뜻입니다.

축구 경기를 보면 서로 공을 다룰 때, 상대방 앞으로 어깨를 밀어 넣는 모습을 자주 볼 수 있지요? 이처럼 비견의 특성은 '경쟁'이라고 할 수 있습니다. 그러다 보니 자존심과 성취욕이 대단하며, 남에게 지기를 싫어하지요.

그리고 고집이 세고 간섭을 싫어하며 남을 무시하는 경향이 있는데, 비견이 많거나(많다는 것은 세 개 이상을 말합니다) 월지가 비견이면 이런 모습이 두드러집니다.

또 비견이 많으면 재(財)를 지나치게 극하므로 재물과 인연이 없고, 부모·형제와 사이가 좋지 않게 됩니다. 특히 남자인 경우에는 바로 뒤에 나오는 '육친이란?' 편에서 배우겠지만, 재가 아내이므로 가정에 풍파가 잦을 수 있지요.

더구나 일주가 비견인 경우(갑인·을묘·병오……)는 천간·지지가 같으므로 '간여지동(干與支同)'이라 하는데, 배우자가 비견이므로 부부 사이가 몹시 안 좋다고 되어 있습니다.

또한 비견이 많으면 '겁재(劫財)'로 변한다고 하며, 특히 동업(同業)은 절대로 피해야 한다고 하지요.

겁재(劫財)

겁재는 말 그대로 '재물을 겁탈한다'라는 뜻입니다.

그러므로 겁재가 강하면 재물이 흩어질 뿐 아니라, 남자인 경우에는 아내와 불화가 잦거나 아내의 건강이 안 좋을 수 있지요. 그러나 정관이 있어서 겁재를 극해 주면 그 흉함이 사라진다고 합니다.

비견과 마찬가지로 겁재가 많으면 동업은 절대 금물이지요.

또 독선적인 성격이라 남을 무시하는 경향이 있으며, 때로는 용감함이 지나쳐 난폭해질 수도 있습니다.

식신(食神)

식신은 재성을 생해 주는 역할을 하기 때문에 좋은 육신으로 봅니다.

보통 말솜씨가 뛰어나고 남들과 어울리기를 좋아하며, 솔직한 성품이라 비밀이 없는 편이지요. 또 월지가 식신인 사람은 미남·미녀가 많다고도 합니다.

그리고 식도락(食道樂)과 예술을 즐기며 희생 정신도 강하여,

대인 관계가 폭넓고 원만한 편입니다. 다만 좀 우유부단한 면이 있는 게 흠이라고 할까요?

다른 육신들과 마찬가지로 너무 많으면 오히려 흉함이 나타나는데, 식신이 너무 많으면 속 좁고 허황(虛荒)하며 말과 행동이 가벼워지기 쉽습니다.

또 여자 사주에 식신이 없으면 자식 운이 없다는 말도 있는데, 낭설일 뿐입니다(바로 뒤에 나오는 '육친이란?' 편을 보시면 알겠지만, 여자에게 식신은 자식이기 때문에 이런 말이 생겼습니다).

상관(傷官)

상관은 말 그대로 정관을 극하는 작용을 하기 때문에 흉한 육신으로 봅니다. 다른 말로는 '오기와 교만의 신'이라고도 하지요.

상관의 특성은 몹시 다재다능하고 영리하며, 예술과 철학에 소질이 두드러지는 편입니다. 그래서 상관인 사람들 중에는 유독 학자나 예술가들이 많지요. 또 잘못 풀린 경우에는 폭력배가 되기도 하고요.

성격은 날카롭고 비판적이며, 감정의 기복이 심하고 반항심도 강한 편입니다. 그리고 구속이나 억압을 병적으로 싫어하지요.

일간이 강하면 승부욕이 상당하고 저돌적이어서 따르는 사람들이 많기도 하지만, 한편으로는 남의 밑에 있거나 고개 숙이기를 싫어하므로 윗사람들하고는 마찰이 생기기 쉽습니다.

편재(偏財)

편재는 편향(偏向)된 재물을 뜻하므로 돈에 관심이 많지만, 통이 큰 편이라 작은 돈에는 관심이 없습니다.

그리고 편재는 밖에 있는 재물이라, 돈벌이도 고정적이고 안정된 수입보다는 모험이 따르는 투기 등을 좋아하는 편이지요.

또 대개는 기분파며 씀씀이가 큰 편이라 남을 돕는 데도 후하며, 남자인 경우에는 여자를 밝히는 경향도 있습니다.

무모한 욕심만 잘 다스리면 운이 왔을 때에 횡재를 하거나 큰 부자가 될 수 있지요.

정재(正財)

정재는 말 그대로 안정적이고 바른 재물이지요. 다시 말해서 부동산처럼 박힌 재산, 흔들리지 않는 재산을 말합니다.

편재가 유통이나 일확천금(一攫千金), 큰 사업을 나타내는 데 반해 정재는 안정적이고 끈기 있게 저축하거나 절약한 재물, 꾸준히 지녀 온 부동산 등 변화를 타지 않는 보수적 재물을 뜻하지요.

따라서 정재인 사람은 대개 성격이 고지식한 편이며, 가식이나 거짓이나 다툼을 싫어합니다.

또 편재에 비해 배짱이 없는 편이라 때로는 미적거리다가 결정적인 시기를 놓치는 경우도 있습니다.

정재가 너무 많으면 편재의 성격을 띠게 된다고 하며, 정재인 사람의 직업으로는 은행원, 경리·회계 업무, 기획 등이 알맞습니다.

'재살 혼잡(財殺 混雜)'에 대해서도 한마디 않을 수가 없군요.

한 사람의 사주에 정·편재가 같이 있는 경우를 재살 혼잡이라고 하는데(정재든 편재든 한 가지가 여러 개 있는 것은 상관없습니다), 남자인 경우에 재살이 혼잡되어 있으면 재물이 흩어지고 가정을 지키기가 어렵다고 합니다. 왜냐하면 남자에게 재는 재물이자 여자이기 때문이지요.

그래서 재살 혼잡 사주인 남자는 결혼을 좀 늦게 하는 것이 좋고(그만큼 배우자를 신중히 고르라는 뜻이겠지요), 결혼 후에도 가정을 잘 끌어 나가기 위해 간단없는 노력을 기울여야 합니다.

편관(偏官)

편관은 다른 말로 칠살(七殺)이라고도 합니다. 기준이 되는 오행으로부터 일곱 번째에 자리하는 살이기 때문이지요.

'편관은 흉신이기 때문에 식신이 극해 주어야 한다'는 말이 있는데, 강하고 거칠 뿐 아니라 저돌적이기까지 한 편관의 기질을 명랑하고 사람 사귀기를 즐기는 식신이 제어해 주어야 한다는 뜻입니다.

또 다분히 권위적이고 반항적일 뿐 아니라 성격이 급하여, 과격한 행동을 서슴지 않습니다.

그리고 목적을 위해서는 수단과 방법을 가리지 않으나, 동전의 앞뒷면처럼 그만큼 결단력 있고 대범하다는 뜻도 되겠지요.

사주 구성이 좋으면 군인·경찰·검찰·교도관 등 권력 관계 직업인으로서 업무를 훌륭히 수행하나, 구성이 안 좋으면 조직 폭력배 두목쯤 될 사주니 이런 경우에는 어릴 때부터 운동 쪽으로 삶의 가닥을 잡아 가는 것이 바람직할 것입니다.

흔히 사주에 정관이든 편관이든 관이 없으면 관직에 나아갈 수 없다고들 하나 꼭 그렇지는 않으며, 또 여자 사주에 관이 없으면 남편과 인연이 없다는 말도 낭설에 지나지 않습니다.

정관(正官)

정관은 그 기질이 정직하고 부지런하며, 원리 원칙에 철저합니다. 그리고 자기 자신을 컨트롤하는 능력도 뛰어나 경거망동이란 있을 수 없는 반면에, 너무 정직한 나머지 융통성이 부족하고 고지식하여 좋은 기회를 주저하다가 놓쳐 버리는 경향도 있지요.

또 정관은 명예와 권위를 뜻하는데, 편관처럼 의로움을 나타내면서도 편관보다 더욱 인자하고 세심한 특성을 지닙니다.

직업으로는 정직함과 성실함이 요구되는 행정부·사법부·교육계 등의 공무원이나 국영 기업체·금융계 등의 직원, 또는 학자가 어울립니다.

또한 정관이 너무 많으면 역시 편관의 성격을 띠게 되지요.

여기서도 '관살 혼잡(官殺 混雜)'에 대해서 짚고 넘어가야겠군요.

앞에서 얘기한 '재살 혼잡'처럼, 한 사람의 사주에 정·편관이 같이 있는 경우를 관살 혼잡이라고 합니다. 역시 정관이든 편관이든 한 가지가 여러 개 있는 경우는 상관이 없지요.

그런데 바로 뒤에 배울 '육친이란?' 편에 나오지만, 관은 여자에게 남편을 뜻합니다. 따라서 관살 혼잡인 여자는 한 남자와 해로하기 어렵다는군요. 정관이 남편이라면 편관은 정부(情夫)를 뜻하기 때문이지요.

너무 믿을 건 아니지만, 관살이 혼잡되어 있는 여자는 가정생활에 좀더 충실할 수 있도록 스스로 다독일 필요는 있겠지요. 종교를 갖는 것도 한 가지 방법일 겁니다.

편인(偏印)

편인은 다른 말로 효신살(梟神殺)이라고도 하는데, 이는 '아침형 인간'과는 정반대의 유형이기 때문입니다.

그리고 식신을 파(破)하고 게으르다고 하여 도식(倒食)이라고 하는 데서도 알 수 있듯이, 성실하고 우직하게 뭔가를 차근차근 이루어 가기는 힘든 타입입니다.

또 창조적인 성격이다 보니 일정한 규칙에 얽매이지 않으려 하며, 뭔가 하고픈 충동이 생기면 한 번에 두 가지 이상의 일을 처리해 나가는 능력도 있지요.

특히 순간적인 재치와 임기응변은 둘째가라면 서러워할 정도라, 개그맨 · 토크 쇼(talk show) 사회자 등에는 이만한 적임자가 없을 정도입니다.

이 밖에도 의사 · 한의사 · 종교인 · 역술인 등의 직업을 가진 사람들이 많으며, 용두사미(龍頭蛇尾) 또한 편인의 대표적인 성격이라 어떤 일에 몰두하다가도 금방 싫증을 내는 경향이 있으니 자기 수양을 통해 끈기를 길러야 할 것입니다.

인수(印綬)

인수는 정·편의 의미를 좇아 다른 말로 정인(正印)이라고도 합니다.

마음이 어질고 생각이 깊으며, 인간관계든 주변 환경이든 자기 주위가 어지럽혀지는 것을 못 견뎌하는 타입이지요.

그러나 정직한 반면에 너무 고지식하여 융통성이 부족한 면이 있으며, 자존심이 강하여 재물보다는 명예를 좇는 사람들이 많습니다.

그리고 봉사 정신과 이해타산(利害打算)을 같이 지니고 있어서, 남들에게 도움을 줄 때에 본능적으로 셈을 하는 경향도 없잖아 있지요.

또 글을 가까이하기 때문에 작가나 교육자로 나서는 사람들이 많으며, 학생인 경우에는 스스로 공부하려는 마음이 강하여 성적이 뛰어난 편입니다.

한편 인수와 정관이 함께 있으면 청렴한 고위 공직자로서 출세하는 사람들이 많으며, 다른 육신들과 마찬가지로 인수도 너무 많으면 편인의 성격을 띠게 되지요.

이상으로 육신에 대해 살펴보았는데, 음양에 따라 정·편으로 나뉘는 것을 알게 되었지요?

여기서 정은 뭔가 정통적이고 편은 변칙적이며, 정은 길신인 경우가 많고 편은 흉신인 경우가 많다는 정도로 개념 정리를 하시면 좋을 것입니다.

육친(六親)이란?

우리는 앞에서 연월일시 네 기둥이 각각 가족 관계를 나타내기도 한다는 것을 배웠습니다.

그런데 이와는 별개로 육신도 그 생·극 관계에 따라서 가족 관계를 나타낼 수 있는데, 이를 '육친 화현법(六親 化現法)'이라고 하지요.

그 표출법은 우선 나와 음양 오행이 같은 육신이 비견이므로, 비견을 생해 주는(낳아 주는) 인성을 어머니로 하는 것에서 출발합니다. 남자인 경우에는 음양이 다른 인성인 인수가 어머니가 되겠지요.

그리고 좀 시대착오적인 발상이지만, 남편이 아내를 극하는(지배하는) 것으로 관계를 설정합니다. 그러면 아내 입장에서 남편은 관성이 되겠지요.

이렇게 해서 그 관계를 넓혀 나가면 사돈의 팔촌까지도 나타낼 수 있습니다. 물론 필요하다면요.

그리고 육친법은 그 사람 사주에 관계를 나타내는 오행이 있든 없든, 또 네 기둥 어느 자리에 있든 상관없이 따집니다. 사주에 인성이 없다고 해서 낳아 준 어머니 없이 하늘에서 뚝 떨어진 건

아닐 테니까요.

그러면 구체적으로 어떤 육신이 어떤 관계를 나타내는가 남녀별로 알아보기로 할까요?

• 비견
남자 – 남자 형제, 동서, 친구, 동창생, 동업자, 경쟁자
여자 – 여자 형제, 동서, 친구, 동창생, 동업자, 경쟁자, 남편
의 애인

• 겁재
남자 – 여자 형제, 이복 형제, 친구, 동업자, 경쟁자
여자 – 시아버지, 남자 형제, 이복 형제, 친구, 동업자, 경쟁
자

• 식신
남자 – 외할아버지, 부하(部下)
여자 – 할머니, 딸(상관이 없으면 아들로도 봅니다)

• 상관
남자 – 할머니, 장모, 부하
여자 – 외할아버지, 아들(식신이 없으면 딸로도 봅니다)

• 편재

남자 – 아버지, 정부(情婦, 정재가 없으면 아내로도 봅니다)

여자 – 의붓아버지(정재가 없으면 아버지로도 봅니다), 고모, 시
어머니

• 정재

남자 – 아내, 의붓아버지(편재가 없으면 아버지로도 봅니다), 고
모, 형수

여자 – 아버지

• 편관

남자 – 아들(정관이 없으면 딸로도 봅니다), 매부, 상사(上司)

여자 – 외할머니, 정부(情夫, 정관이 없으면 남편으로도 봅니다),
시누이

• 정관

남자 – 외할머니, 딸(편관이 없으면 아들로도 봅니다), 상사

여자 – 남편, 남편의 형제

• 편인

남자 – 의붓어머니(인수가 없으면 어머니로도 봅니다), 할아버
지, 외삼촌, 장인

여자 – 어머니, 이모

• 인수

남자 – 어머니, 이모

여자 – 의붓어머니(편인이 없으면 어머니로도 봅니다), 할아버
　　　지, 외삼촌

앞에서 육신을 설명할 때, '비겁(比劫)이 많으면 동업은 금물'
이라고 했던 말 기억하시지요?

이제 그 이유를 아실 겁니다. 비겁은 나와 같은 오행이며, 육
친으로 보면 동업자도 해당하기 때문이지요.

다시 말해서 비겁이 많음으로써 주체하기 힘들 정도로 강해
진 일간의 힘을 덜어 주기는커녕 더 보태기 때문입니다.

그럼 위에 열거한 육친 중 두 가지만 예로 들어 설명해 보도
록 하겠습니다.

우선 남자 사주에서 할아버지가 '편인'이라고 하였는데 왜 그
런지 볼까요?

위에서 보면 내게 아버지는 편재입니다. 그런데 할아버지는
아버지의 아버지지요? 그렇다면 편재는 '육신이란?' 편에서 배웠
듯이 '내가 극하는 오행으로 음양이 같은 것'이므로, 편재의 편재
는 인수가 되는 것이지요.

다시 말해서 아래에 있는 예에서처럼 내가 '갑목' 일간일 적에
아버지는 편재인 '무토', 그리고 할아버지는 편재가 극하는 오행
으로 음양이 같은 '임수'가 되는 것입니다.

그리고 나로부터 안 따져도 할머니는 할아버지의 정재인 '정화'가 됨을 자연스레 알 수 있고요.

이렇게 가지를 쳐 나가다 보면 위에서 말했듯이, 친가든 외가든 처가든 누가 되든 나하고의 관계를 살필 수 있는 것입니다.

다음으로 여자인 경우를 한번 볼까요?

늘 '고부간 갈등'이니 뭐니 말이 많은 시어머니를 위에서 보면 '편재'라고 되어 있습니다.

자, 남편은 내게 있어서 '정관'이지요? 그리고 남편의 어머니는 '인수'가 되고요. 그러면 정관을 생해 주면서 음양이 다른 것이 시어머니, 즉 내게는 '편재'가 되는 것이지요.

다시 말해서 아래에 있는 예에서처럼 내가 '갑목' 이라고 할 때에 남편은 나를 극하면서 음양이 다른 '신금', 그리고 시어머니는 나의 정관인 신금을 생하면서 음양이 다른 '무토', 즉 내게 편재가 되는 것입니다.

그렇다면 시아버지는? 자동으로 나오지요? '무토'를 극하면서 음양이 다른 '을목', 내게는 겁재가 되는 것이지요.

시	일	월	연
己	甲	丁	(戊)
巳	申	巳	午

4

●

사주 풀어 보기

집 짓는 것에 비유하자면 이제 벽까지 다 쌓았습니다. 남은 일은 지붕 올리는 것뿐이로군요.

여기까지 잘 따라오셨으면 스스로 대견해 하셔도 됩니다. 이제야말로 '고지가 바로 저긴데'니까요.

지금부터 배울 내용은 여태까지 익혀 온 밑그림을 바탕으로, 실제로 사주를 풀어 보는 방법입니다.

그럼 마음을 새로이 다지시고, 유종의 미를 거두기 위해서 다시금 힘차게 출발!

일간의 강약이란?

사주를 볼 때, 네 기둥을 세우고 대운의 흐름까지 뽑아 놓은 다음에 가장 먼저 살피는 것이 일간의 강약입니다. 일간의 세력이 강한지 약한지부터 알아야 명리학의 핵심이라 할 수 있는 용신(用神)을 정확히 짚어 낼 수 있기 때문이지요(용신은 이 장의 '용신이란?' 편에 나옵니다).

만약 일간의 강약을 제대로 판별하지 못하면 당사자의 사주를 반대로 풀이하게 되기 십상이니, 결국 얼토당토않은 해석이 나올 수밖에 없지 않겠어요?

일간의 강약을 따진다는 것은, 나머지 일곱 간지(연간 · 연지 · 월간 · 월지 · 일지 · 시간 · 시지)와의 관계에서 자기 자신의 기운이 어느 정도인지를 살피는 것입니다. 그래서 자신의 기운이 강하면 '신강(身强)', 반대로 약하면 '신약(身弱)'이라고 하지요.

보통 주관이 뚜렷하다는 의미에서 약간 신강인 사주가 좋다고들 합니다만, 꼭 그렇지는 않습니다. 우리나라의 내로라하는 재벌들 중 신약 사주인 분들도 꽤 여러 분 계시는 걸로 알고 있으니까요.

그리고 사주의 본질이 '중화(中和)'에 있으므로, 일간이 너무 '태왕(太旺, 지나치게 강함)'하다면 더더구나 좋을 리 없겠지요. 지나치게 약한 경우도 마찬가지고요.

이 일간의 강약이란 게 명확히 드러나는 사주도 있지만 그렇지 않은 경우도 많아서, 이른바 '족집게'라는 역술인들도 간혹 실수를 범하곤 합니다.

앞에서 사주 네 기둥 여덟 글자 중 '일간'과 '월지'가 제일 중요한 요소라고 한 적이 있습니다. 여기서도 마찬가지지요.

일간의 강약을 판단할 때에 가장 중요한 변수가 월지입니다. 월지란 곧 계절을 나타냄인데, 다른 기둥에 암만 화(火)가 많아도 추운 겨울에 태어났으면 겨울 기운을 받은 것이며, 반대로 다른 기둥에 암만 수(水)가 많아도 한여름에 태어났으면 그 사람은 더운 기운을 받은 것이기 때문이지요.

일간의 강약을 판별하는 데는 여러 가지 조건들이 있지만, 가장 기본적이면서 반드시 살펴야 할 것들이 득령(得令) · 득세(得勢) · 득지(得地), 이 세 가지입니다(거의 이 세 가지 변수에 의해 일간의 강약이 결정되지요). 그 중에서도 득령이 가장 큰 비중을 차지하는데, 그럼 구체적으로 알아보기로 할까요?

득령(得令)

'농가월령가(農家月令歌)'란 가사 문학도 있으니, 월지를 월령(月令)이라고도 한다는 건 이해가 되시지요? 또 월지는 그 사람이 태어난 계절을 나타낸다는 것도 이미 배웠고요.

득령이란 일간이 자기 자신과 같은 오행인 비견 · 겁재 달에 태어나거나, 자기 자신을 생해 주는 인수 · 편인 달에 태어난 것을 말합니다. 말하자면 태어난 달로부터 기운을 얻었다는 뜻이지요.

가령 일간이 갑목이라 한다면 비견 · 겁재 달인 '목월(木月, 인월 · 묘월)'에 태어나거나, 인수 · 편인 달인 '수월(水月, 해월 · 자월)'에 태어난 것을 말하는 것입니다.

그리고 득령하지 못한 경우를 실령(失令)이라 하는데 일간의 힘을 앗아 가는 식신·상관이나 일간이 극하는 정재·편재, 또 일간을 극하는 정관·편관이 월지에 해당될 때를 말하지요.

역시 일간이 갑목이라 할 때에 식신·상관 달인 '화월(火月, 사월·오월)'에 태어나거나 정재·편재 달인 토월(土月, 진월·술월·축월·미월), 또 정관·편관 달인 금월(金月, 신월·유월)에 태어난 것을 말하는 것입니다.

위에서도 월지의 중요성을 강조한 바 있지만, 일간의 강약을 판단하는 데는 이 득령 여부가 최우선 조건이 되지요. 득령하면 거의 신강 사주가 되고, 실령하면 대부분 신약 사주에 머무는 경우가 많기 때문입니다. 하다못해 득령치 못하면 설사 득세와 득지를 했더라도 신약 사주라고 우기는 이론까지 등장할 정도니까요.

비견·겁재 달을 맞아 강한 기운을 띠게 되면 '신강 사주'라고 하는 건 이미 다 아실 테고, 인수·편인 달의 기운을 받아 신강 사주가 된 경우에는 '신왕(身旺) 사주'라고 구별해서 표현하기도 합니다.

그럼 득령과 실령의 예를 각각 하나씩 들어 보기로 할까요?

• 득령

시	일	월	연
甲	庚	戊	丙
子	午	戌	申

• 실령

시	일	월	연
丙	甲	癸	丙
寅	戌	(巳)	申

득세(得勢)

사주에서 일간과 월지를 제외한 나머지 여섯 글자의 간지 중, 일간과 같은 오행인 '비겁(比劫)'이나 일간을 생해 주는 '인성(印星)'이 셋 이상 되면 득세라 합니다(세력을 얻었으니까요).

그렇지 않은 경우는 물론 실세(失勢)라 하지요.

역시 득세와 실세의 예를 하나씩 들어 보겠습니다.

• 득세

시	일	월	연
丁	甲	(甲)	(乙)
(卯)	(子)	申	未

• 실세

시	일	월	연
辛	丙	己	癸
卯	辰	未	亥

득지(得地)

득지란 일간이 앉는 자리인 일지에 뿌리를 내려(이를 명리학에서는 통근[通根]이라 합니다) 기를 얻은 것을 말합니다. 그래서 다른 말로는 유근(有根)이라고도 하지요.

여기서 뿌리를 내린다는 의미는 위에서와 같이, 일지에 '비겁'이나 '인성'이 자리하고 있음으로써 일간에 힘을 실어 주는 것을 말합니다. 반대로 일지에 '식상'이나 '재성', '관성'이 있음으로써 오히려 일간의 힘을 빼앗는 경우는 '실지(失地)', 또는 '무근(無根)'이라 하지요.

마찬가지로 득지와 실지의 예를 하나씩 들어 보겠습니다.

• 득지

시	일	월	연
癸	庚	己	乙
未	(申)	卯	丑

• 실지

시	일	월	연
辛	丙	戊	甲
卯	辰	辰	子

위의 세 가지 조건을 대입해 보면 대부분 신강·신약의 구별이 가능합니다. 한마디로 '득'이 많으면 신강이고(특히 득령은 꼭 필

요합니다), '실'이 많으면 신약인 게지요(특히 득령은 아니어야 합니다).

하지만 이 밖에도 네 기둥 여덟 글자의 생극·합충 관계 등 여러 변화를 살펴야 하므로 그 판단이 수학 공식처럼 확실하지 않은 경우도 있습니다. 따라서 일간의 강약에 익숙해지려면 여러 사주를 풀어 보면서 감(感)을 키워 가야겠지요.

그리고 사람이 힘이 세거나 약하다고 해서 다 똑같진 않은 것처럼, 일간이 강하고 약한 데도 정도 차이가 있겠지요?

명리학에서는 그 정도에 따라 최강 사주(극신강 사주)·중강 사주·소강 사주·최약 사주(극신약 사주)·중약 사주·소약 사주, 이렇게 여섯 가지로 나누기도 하지만, 여기서는 그냥 강약만 구별하는 걸로 그치도록 하지요.

억부(抑扶)란?

억부는 바로 뒤에 나오는 '조후'와 더불어 용신(用神)을 정하거나 대운·세운을 읽어 내는 데 열쇠가 되므로, 그 뜻과 기본 원리를 잘 익히시기 바랍니다(용신은 이 장 마지막의 '용신이란?' 편에 나옵니다).

앞에서 여러 번 말했지만, 사주의 원리는 여러 오행의 균형을 짜 맞추는 '중화(中和)'에 있습니다. 이 중화의 방법이 바로 억부와 조후지요.

그러면 억부가 무엇인지 알아볼까요?

억부는 '억강부약(抑强扶弱)'의 준말로, 먼저 한자 풀이부터 해 보면 '누를 억', '도울 부'입니다. 내리누르거나 북돋운다는 뜻이지 요.

또 여담 한마디해야겠군요.

한 달쯤 전인가? 오랜만에 고등학교 동창들을 홍대 앞에서 만 났습니다.

몇 년 만에 만난 사이라 사는 얘기 · 집안 얘기, 게다가 여자 얘기까지 질탕하게 늘어놓으며 시간 가는 줄 몰랐지요.

그러다가 갈 시간이 되었을 때, 갑자기 한 친구가 벌떡 일어 서더니 이렇게 외치는 것이었습니다.

"자, 잔 고르기!"

그러더니 비거나 술이 조금 남은 잔에다 일일이 술을 채워 높 이를 맞추지 않겠어요? 많이 남은 잔들의 술로 말입니다.

"아하, 이거야말로 억부로구나!"

무심결에 제가 이렇게 말했더니 다들 무슨 소린지 몰라 눈만 멀뚱거리더군요.

그렇습니다. 억부는 이렇게 넘치는 것은 덜어 내고, 모자라는 것은 채워 주는 작용을 말하는 것이지요.

우리는 바로 앞에서 일간의 강약에 대해서 배웠습니다.

그러면 일간이 신약일 때에는 억부를 어떻게 활용하여 사주를 중화시킬 수 있을까요?

인성으로 일간의 기운을 생해 주거나 비겁으로 같은 힘을 모아 주어야겠지요

반대로 신강인 경우에는?

식신으로 설기(泄氣)시키거나, 재성으로 맞서게 하여 일간의 힘을 빼 주어야겠지요. 일간이 치는 게 재성인데, 누구를 때린다는 게 얼마나 힘 빠지는 일인지 예전 체육 선생님이나 교련 선생님들은 잘 아실 겁니다(잘못을 바로잡아 주시려는 편달[鞭撻]을 말함이니 오해 없으시길 바랍니다). 허허……

그리고 관성으로 쳐서 기운을 앗아 오면 됩니다. 따라서 충·극이 꼭 해롭지만은 않다는 사실도 아시겠지요?

그럼 바로 위의 내용을 우선순위에 따라 정리해 보겠습니다.

우선 일간이 강할 때입니다.

제극(制剋)하는 관성(官星)이 첫째고, 설기(泄氣)하는 식상(食傷)이 둘째며, 분산(分散)하는 재성(財星)이 셋째지요.

다음으로 일간이 약할 때입니다.

생(生)하는 인성(印星)이 첫째고, 조(助)하는 비겁(比劫)이 둘째지요.

여기서 위에 나온 낱말 뜻 몇 가지를 정리해 보아야겠군요.

인성이 일간을 생해 주는 작용을 말 그대로 '생(生)'이라 합니다. 비겁이 같은 힘을 몰아 주는 작용을 '조(助)'라고 하고요(이 두 가지가 '부' 작용입니다). 이 두 낱말을 합쳐 '생조(生助)'라고 표현하기도 합니다.

또 식상이 힘을 빼 가는 작용을 '설(泄)'이라 하고 재성이 일간에 맞서는 작용을 '대(對)', 관성이 일간을 치는 작용을 '극(剋)'이라 합니다(이 세 가지가 '억' 작용입니다).

이 억부와 예는 이 장 마지막 항목인 '용신이란?' 편에 나오므로 여기선 생략하도록 하지요.

조후(調候)란?

사주 풀이의 출발이 '어떤 오행이 어느 계절에 태어났는가'에 있다고 앞에서도 말한 적이 있지만, 이처럼 아무리 강조해도 지나치지 않을 정도로 중요한 부분이 바로 계절과의 관계지요.

한 사람의 사주는 태어난 계절인 월지와 나머지 일곱 글자의 오행에 따라 어떤 기후의 특성을 지니게 되는데, 이 기후를 알맞게 조절하는 역할을 하는 것이 바로 조후입니다.

이 조후는 책 한 권으로도 다 이야기할 수 없을 정도로 그 내용이 워낙 방대하고 복잡하므로, 여기서는 그 원리만 설명하도록 하겠습니다.

우리가 기후를 이야기할 때, 흔히 '조(燥)·열(熱)·한(寒)·습(濕)'이란 표현을 씁니다. 마르고, 따뜻하고, 차고, 축축하다라는 뜻이지요.

조후는 어떤 사주에서 기후가 한편으로 치우쳐 있다면, 이를 중화시켜 주는 작용을 합니다. 앞에서 '억부'가 힘의 균형을 잡아 주는 역할을 하는 것처럼, 기후의 균형을 맞춰 주는 것이지요.

찬 것은 따뜻하게, 마른 것은 축축하게……. 물론 반대의 경우도 마찬가지입니다.

그럼 우선 어떤 오행이 어떤 기후의 특성을 갖는지부터 볼까요?

- 천간의 조열성(燥熱星) : 甲·乙·丙·丁·戊
- 천간의 한습성(寒濕星) : 己·庚·辛·壬·癸
- 지지의 조열성(燥熱星) : 寅·卯·巳·午·未·戌('가을 흙'이라 따뜻하지는 않습니다)
- 지지의 한습성(寒濕星) : 申·酉·亥·子·丑·辰('봄 흙'이라 차지는 않습니다)

위에서 알 수 있듯이, 봄·여름은 마르고 따뜻하며, 가을·겨울은 차고 축축하지요.

그리고 지지에서 토(土)를 나타내는 '진·술·축·미'가, 같은 흙이라 해도 그 성격은 제각기 다른 것을 알 수 있습니다. 물론 사주를 제대로 풀려면 이런 특성들을 마음에 새겨야지요.

조후의 예 역시 '용신이란?' 편에 나오므로 여기선 생략합니다.

격국(格局)이란?

사주 풀이는 어느 오행이 어떤 계절에 태어났는가를 살피는 데서 비롯된다고 앞에서 말했습니다.

그렇다면 마무리는? 일간의 강약을 따진 다음, 바로 이 격국을 정하고 용신을 뽑는 것으로 매조지를 하게 되지요.

격국은 일간인 '격'과 월지인 '국'이 합쳐진 말로, 한 사주에 있어서 가장 강하게 나타나는 기질을 가리키는 것입니다.

다시 말해서 비슷한 사주끼리 묶어서 그룹별로 정리해 놓은, 사주의 틀을 말하는 것이지요. 혈액형이나 별자리, 또 심리학 등에서 유형별로 나누어 놓은 것처럼 말입니다.

그러므로 어떤 사주가 '무슨 격'인가에 따라 당사자의 성격 · 체질 · 적성 등을 미루어 짐작할 수 있으며, 특히 알맞은 직업을 고르는 데 효과적으로 활용할 수 있습니다. 예컨대 '관격(官格)'인 사람들 중엔 공무원이 많고, '재격(財格)'인 사람들 중엔 사업가가 많으며, '인수(印綬)'가 격을 이룬 사람들 중엔 학자가 많이 나타남을 알 수 있듯이 말이지요.

하지만 격국은 어떤 사람의 사주가 어떤 유형에 속하는가를 판가름하는 기준이 될 뿐이지 절대적이지는 않습니다. 격국 자체가 길흉이나 행불행을 나타내는 것은 결코 아니기 때문이지요.

그러면 우선 격은 어떻게 구하는 것인지부터 알아보기로 하지요. 격을 구하는 데는 일정한 원칙이 있는데, 구체적으로 정리해 보면 아래와 같습니다.

격국 구하는 법

첫째, 격국은 월지의 지장간을 일간에 대입하여 정합니다.

둘째, 월지의 지장간 중 연·월·일·시 어느 자리든 천간에 투간(透干, 지지에 있는 지장간이 천간에 드러난 것을 말합니다)된 것을 격으로 잡습니다. 이때에 정기가 투출(透出)되어 있으면 정기로, 정기가 없으면 중기로, 중기마저도 없으면 여기를 격으로 잡습니다. 지장간 세 개가 다 투출되어 있어도 이 순서에 따라야 하지요.

셋째, 지장간 세 개가 하나도 투간되지 않았을 때에는 정기를 격으로 잡습니다.

넷째, 원칙적으로 일간과 같은 오행은 격으로 잡지 않습니다 (이때에 음양은 상관없습니다). 따라서 투간에 상관없이 정기가 일간과 같으면 중기나 여기 중 투간된 것을, 둘 다 투간되지 않았으면 중기를 격으로 잡아야 하겠지요.

격국의 종류는 내격(內格)·외격(外格)·잡격(雜格)으로 크게 나눌 수 있는데, 이 안에서 또 수십 가지로 나누어집니다.

하지만 가장 중요한 것은 육신으로 격을 나타낸 내격으로, 위에서 말한 격국 구하는 법도 정확히 말해서 내격 구하는 법을 설명한 것입니다.

그리고 잡격 같은 경우에는 격으로 치지도 않는데, 왜냐하면 격을 잡기 애매한 경우에 필요에 따라 새로이 만든 것들이 대부분이기 때문이지요.

따라서 여기서는 월지를 기준으로 삼는 내격과, 외격의 하나인 종격(從格)만을 다루도록 하겠습니다.

내격(內格)

내격은 '정격(正格)'이라고도 하는데, 앞에서도 말했지만 원칙적으로는 '정팔격(正八格)'만이 내격이지요. 식신격 · 상관격 · 편재격 · 정재격 · 편관격 · 정관격 · 편인격 · 인수격, 이렇게 여덟 가지를 말합니다.

하지만 여기서는 건록격과 양인격을 포함한 '십정격(十正格)'으로 범위를 넓히도록 하지요.

• 식신격(食神格)

식신격인 사람은 대개 투명한 성격입니다. 특히 일간이 양간이면 정이 많고 정직하며, 사람 사귀기를 즐겨 사람 사이의 마찰을 꺼리지요.

또 비밀이 없고, 남을 위해 희생하고 봉사하려는 마음도 강합니다.

게다가 미남 · 미녀가 많고 말솜씨도 뛰어날 뿐 아니라 천성적으로 명랑한 성격이라, 어디를 가든 그 모임의 중심에서 부러운 눈길을 한 몸에 모으게 되지요.

그리고 남녀에 상관없이 음식 솜씨도 좋은 편이며, 지나치지 않을 정도로 적당한 식도락(食道樂)과 사치를 즐기기도 합니다.

다만 흠이라면 말솜씨가 뛰어나다 보니 책임지지 못할 말로 남에게 상처를 줄 수 있으며, 워낙 만남을 즐기는 탓에 혼자 있게 되면 그만큼 외로움을 많이 타게 되지요.

직업은 활달하고 표현력이 풍부하므로 작가로 나서는 경우가 많으며, 남을 가르치는 데도 능력이 뛰어납니다.

또 미식가 기질을 살려 요리사가 되거나 식당을 운영하는 것도 괜찮으며, 대인 관계가 좋으므로 사업이나 영업에도 소질이 있습니다.

그럼 식신격의 예를 하나 들어 보도록 하지요.

시	일	월	연
甲	甲	癸	丙
子	寅	巳	寅

월지인 '사'의 지장간은 '무(戊)ㆍ경(庚)ㆍ병(丙)'입니다. 따라서 정기인 '병'이 연주에 투간되었으므로 식신격을 이루지요.

상관격인 사람은 재주가 많고 머리가 좋은 편이며, 창조적인 성격이다 보니 늘 변화를 꿈꿉니다.

그리고 반항심이 강한 데다 남을 무시하는 경향이 있어서, 자기를 따르는 사람은 많아도 남을 받들지는 못하는 편이지요

또 남에게 지는 걸 죽도록 싫어해서 남과 잘 얘기를 하다가도 논쟁으로 번지는 경우가 많고, 사람이나 사물을 볼 때에 단점만을 주로 보며 이를 고치려는 기질이 강해서 다툼이 끊이질 않습니다. 다만 이후에 논쟁거리가 되었던 문제를 비판적으로 발전시키려는 노력을 기울이는 면은 장점이라고 하겠지요.

또한 성격상 스스로 리더가 되어야 직성이 풀리므로 말단 봉급쟁이 생활은 오래 견디지 못하며, 윗사람들과는 잘 다투면서도 아랫사람들은 아낍니다. 그러나 변덕이 심한 편이지요.

한마디로 요새 유행하는 말인 '까도남(까칠한 도시 남자)' 캐릭터에 가깝다고나 할까요?

또 한 가지 마음에 새겨야 할 문제는, 상관격인 사람은 배우자를 잘 만나야 한다는 것입니다.

말로써 배우자에게 상처를 주는 일이 많을 뿐 아니라, 상대에 대한 독점욕과 지배욕이 지나친 나머지 가정 폭력으로 발전하는 경우가 종종 있기 때문이지요.

그리고 상관격 여자인 경우, 차라리 자기가 주도권을 쥐고서 경제적으로 무능한 남편을 먹여 살릴 때에 오히려 무탈(無頃)한

가정을 이루어 나가는 모습을 많이 보았습니다.

직업은 비판적이고 창조적인 성격이므로 사상가나 학자·법조인·정치인 등이 어울리며, 사주에 재(財)가 있으면 사업가로 성공하는 경우도 많습니다.

그런데 일간이 약하면서 사회에 적응하지 못한 경우, 뒤에서 구시렁대며 술에만 기대어 주정쟁이가 되고 마는 사람들도 간혹 있더군요.

아래는 상관격의 예입니다.

시	일	월	연
壬	甲	庚	⑪ 丁
申	寅	戌	巳

월지인 '술'의 지장간은 '신(辛)·정(丁)·무(戊)'입니다. 예로 든 명식을 보면 정기인 '무'는 없고, 중기인 '정'이 연주에 투간되었으므로 상관격이 되는군요.

• 편재격(偏財格)

편재격은 모험을 즐기며, 새로운 것에 대한 호기심이 대단합니다. 또 안정보다는 변화를 즐기며, 진득하게 한군데에 붙어 있지를 못하는 성격이지요.

따라서 사업을 해도 꾸준한 업종보다는, 위험이 따르더라도 부가 가치가 큰 업종을 택하는 편입니다. 물론 한 직장에서 꾸준히 일하는 경우도 드물지요.

그리고 처세(處世)에 능하며 일 처리가 시원시원하고 씀씀이가 크므로, 어딜 가든 인기가 대단합니다. 그러므로 낭비벽이 커다란 단점이지요.

남자는 여자에게 인기가 대단하다 보니 구설(口舌)이 따르기 쉽고, 여자는 뛰어난 사업 수단으로 남편 출세시키고 집안 일으키는 여장부라 하겠습니다.

그런데 편재격은 배우자를 선택할 때에 겉모습이나 분위기를 중시하며 답답함을 견디지 못하는 성격이라, '정재격'이나 '정관격'같이 꾸준한 사람에게서는 싫증을 느끼는 경우가 많습니다.

따라서 가정의 소중함을 모르지는 않겠지만 천성이 애정 없는 가정 생활을 싫어하므로, 가정에 불화가 생기면 바깥으로 눈을 돌리는 경우가 많지요.

직업은 영업이나 대인 관계에 능하므로 무역업이나 유통업에 맞으며, 또 새로운 것에 대한 관심이 남다르므로 뭔가 이색적인 사업이나 디자인 분야에서 뛰어난 능력을 발휘하기도 합니다.

다만 '보여지는 것'에 너무 집착하고 큰돈만을 좇는 경향이 있어서, 잘못하면 도박이나 투기에 빠져들 우려가 있으므로 늘 조심해야 합니다.

편재격의 예를 들어 보지요.

시	일	월	연
庚	乙	癸	庚
辰	亥	(未)	午

월지인 '미'의 지장간은 '정(丁)·을(乙)·기(己)'입니다. 그런데 이 예에서는 아무것도 투간되지 않았군요(일간은 투간으로 보지 않습니다). 따라서 정기인 '기'를 취해서 편재격이 됩니다.

• 정재격 (正財格)

정재격은 재물에 집착한다는 면에서는 편재격과 같지만, 훨씬 안정적이며 절약 정신 또한 대단합니다.

그리고 변화나 모험보다는 안정된 삶을 원하기 때문에, 재물도 티끌 모아 태산을 이루듯이 꾸준히 차곡차곡 쌓아 가는 타입이지요.

또 책임감이 강하고 자기 직업을 천직(天職)으로 알다 보니 한 회사에서 정년을 맞는 사람이 많으며, 재물을 모아도 다른 데 투자하기보다는 부동산 같은 데 묻어 두는 편입니다.

한편 워낙 융통성이 없고 알뜰하다 보니 자칫 구두쇠라는 인상을 주기가 쉬우며, 대인 관계도 그다지 활발한 편은 못 되지요.

하지만 정직하고 성실하며, 편재격처럼 일확천금을 꿈꾸거나 하지 않고 오로지 피땀 흘려 노력한 대가만을 바라는 사람입니다. 물론 허세나 가식을 병적으로 싫어하고, 사람을 사귀는 데 있어서도 신용을 제일로 치지요.

배우자를 고를 때에는 겉모습보다는 성격이나 능력을 먼저 보며, 꾸준한 사람을 좋아합니다

그리고 한번 가정을 이루면 애정이 식었다 할지라도, 안정된 생활을 중시하기 때문에 끝까지 가정을 지키려는 노력을 아끼지 않지요.

또 정재격 여자는 살림 잘하고 남편과 자식을 지극히 위하는 현모양처지만, 시어머니와 갈등이 생기기 쉽습니다.

직업은 안정적인 공무원 · 은행원이나 봉급 생활자가 어울리며, 경제 관념이 있으므로 총무 · 경리 업무에도 꾸준한 능력을 보입니다.

예를 들어 보기로 하지요.

시	일	월	연
辛	乙	甲	壬
巳	卯	(辰)	申

월지인 '진'의 지장간은 '을(乙) · 계(癸) · 무(戊)'입니다. 그런데 '을'은 비록 투간되었지만 일간이라 격으로 잡지 않으므로, 정기인 '무'를 취해 정재격이 되는 것이지요.

• 편관격 (偏官格)

편관격은 권위적이고 독선적인 성격이며, 권력이나 명예에

대한 집착이 강합니다.

그리고 인물 됨됨이가 뛰어나고 말솜씨도 조리가 있으며, 몸가짐 또한 단정하기 이를 데 없지요.

그러다 보니 주위 사람들이 인정은 하면서도 꺼리는 경우가 많습니다. 한마디로 '가까이하기엔 너무 먼 당신'이지요.

게다가 일간이 강하면 차가워 보일 정도로 주관이 뚜렷하고, 남을 지배하려는 욕구가 지나칠 정도입니다. 반대로 일간이 약하면 오히려 비굴한 면이 드러나고, 변덕이 심해 의리를 저버리는 경향이 있지요. 그리고 귀가 엷어 남의 말에 잘 흔들리고요.

가정에서도 독선적이고 지배욕이 강한 성격이 그대로 드러나게 되므로 배우자에게 상처를 주기 쉽습니다.

특히 '상관격'이나 '편관격' 배우자를 만나게 되면 폭력이 끊일 새 없는 가정이 될 수 있으니 조심해야겠지요.

직업은 편관이 편향적인 관을 말하므로 검찰·경찰·군인 등 권력 기관에서 일하거나, 반대로 조직 폭력배 등 권력의 제재(制裁)를 받는 일을 하기 쉽습니다.

예를 들어 볼까요?

시	일	월	연
㊗辛	乙	丙	乙
巳	亥	戌	亥

월지인 '술'의 지장간은 '신(辛)·정(丁)·무(戊)'입니다. 그런데 초기인 '신'이 시주에 투간되어 있군요. 따라서 편관격이 됩니다.

• 정관격 (正官格)

정관격은 원리 원칙에 충실하고 모든 일에 공정하려 애쓰며, 꾸준히 노력하는 사람이라 하겠습니다.

또 명분을 중시하며 모험은 피하는 성격인데, 그러다 보니 어떤 기회가 오더라도 잘 살리지 못하는 경향이 있지요.

그리고 성실하고 비리(非理)를 혐오하다 보니 주위에서 존경은 받지만, 다소 융통성이 없는 사람으로 비치기도 합니다. 한마디로 우리가 흔히 얘기하는 '범생(모범생)' 타입이지요.

그러나 일간이 너무 약하면 자신감이 부족해, 고지식한 '꽁생원'이 되기도 합니다.

한편 정관격인 사람은 변함없이 한 사람만을 꾸준히 사랑하는 '일편단심 민들레' 타입인데, 만약 배우자가 변화를 좋아하고 꾸준함을 못마땅해 하는 사람이라면 평탄치 못한 가정이 되기 십상입니다.

따라서 '상관격'이나 '편재격'·'편인격'인 배우자는 가정 생활에 권태를 느끼는 경우가 많지요.

하지만 정관격은 가정을 지키고자 하는 의지가 강하므로 웬만한 갈등은 참고 기다려 줍니다.

직업은 행정직 공무원이 제일 적성에 맞으며, 회사원으로 근무하는 경우도 많습니다. 또 연구직도 바람직하지요.

그리고 갑작스런 출세에 거부감을 느끼는 성격이라 정치에는 별 관심이 없으며, 이해관계에 좀 둔한 편이라 사업은 별로 맞지 않습니다.

정관격의 예를 들어 보지요.

시	일	월	연
庚	丁	(壬)	丁
戌	亥	子	丑

월지인 '자'의 지장간은 '임(壬)·계(癸)'입니다. 그런데 초기인 '임'이 월주에 투간되어 있군요. 그러므로 정관격이 됩니다.

● 편인격 (偏印格)

편인격인 사람은 겉으로는 나무랄 데가 없을 정도로 매너 좋고 교양과 인품이 뛰어난 신사·숙녀로 보입니다. 게다가 재주가 많고 이해력도 빨라 여러 면에서 능력을 보이지요.

하지만 그 내면을 들여다보면 말과 행동에 어긋남이 많고, 요령이 뛰어나 임기응변으로 순간 순간을 모면하려는, 이른바 '이중인격'이 도사리고 있는 경우가 많습니다.

또 다소 꾸준함이 부족하고 게으른 편이며, 누가 자기를 깎아내리려 하면 무섭게 돌변하는 면도 있지요

그리고 어떤 일을 하다가도 쉽게 싫증을 내고 다른 데로 눈을 돌리는 경향이 있어서, 한 번에 두 가지 이상의 일에 관심을 두는 경우가 많습니다.

한편 세속적인 '성공'에 그다지 집착하지 않으며, 자유를 만끽하고자 하는 욕구가 강하므로 조직 생활에는 잘 적응을 못하지요. 그만큼 간섭받거나 남에게 구속당하는 걸 병적으로 싫어합니다.

가정 생활 역시 권태가 빠른 편이라 애정 관계에 변화가 많을 수 있는데, 대체로 사랑에 대한 집착은 강해도 꾸준하지 못한 성격 탓이지요.

특히 배우자가 몰아붙인다 싶으면 가출을 해서라도 거기서 벗어나고자 하는 면이 강하므로, '상관격'이나 '정재격'·'정관격'인 이성을 만나면 가정 분위기가 싸늘해질 수 있습니다.

직업은 생산적인 일보다 사람과 연관된 일, 특히 '구류술업(九流術業, 의사·한의사·간호사·예술가·역술인 등을 말하는데 '편업[偏業]'이라고도 합니다)'에 종사하는 경우가 많습니다.

그렇지 않으면 뚜렷한 직업 없이 여기저기 기웃거리며 임시변통으로 살아가거나, 심하면 도박 등에 빠질 우려가 있으므로 스스로를 잘 추슬러야 하지요.

편인격의 예를 들어 보겠습니다.

시	일	월	연
癸	庚	丙	戊
未	寅	辰	寅

월지인 '진'의 지장간은 '을(乙)·계(癸)·무(戊)'입니다. 그런데 중기인 '계'가 시주에, 정기인 '무'가 연주에 투간되어 있군요. 이럴 때에는 당연히 정기를 취해야 하므로 편인격이 됩니다.

• 인수격 (印綬格)

인수격은 편인격에 대비하여 정인격(正印格)이라고도 합니다.

성격은 이해심이 많고 사랑이 넘치며, 남을 배려하는 데 인색하지 않지요. 그러나 숫자에 밝고 이해득실에도 민감한 편이라 무모할 정도로 남을 도와주지는 않습니다.

그리고 머리가 좋고 정신적인 면에 관심이 깊은 편이라 종교를 가지는 사람들이 많으며, 꾸준한 성격에 봉사 정신이 대단해 대인 관계도 원만한 편이지요.

하지만 자존심이 지나칠 정도로 강하여, 누가 자존심을 건드리면 그냥 참고 넘어가지 못합니다. 또 남에게 기대려는 마음도 인수격 성격의 단점이라면 단점이겠네요.

가정 또한 어떤 사람을 만나더라도 대체로 잘 꾸려 나가는데, 남을 배려하고 이해하려는 마음과 한 사람에 대해 꾸준히 사랑을 지켜 나가려는 성실함 덕이지요.

그러나 '정재격' 배우자를 만나면, 너무 재물에 집착하는 모습 때문에 실망이 클 수 있으므로 피하는 게 좋습니다.

직업은 봉사 정신이 강하므로 성직자 · 교육자 · 사회사업가 등이 어울립니다.

또 숫자에 대해서도 밝으므로 회계사나 세무사 · 은행원 · 경리 등도 알맞은 직업이며, 대민 봉사를 담당하는 공무원도 바람직하지요.

그럼 예를 들어 보도록 하겠습니다.

시	일	월	연
辛	壬	癸	己
丑	午	酉	卯

월지인 '유'의 지장간은 '경(庚) · 신(辛)'입니다. 명식을 보면 '신'이 시주에 떠 있군요. 따라서 인수격이 됩니다.

• 건록격 (建祿格)

건록격은 월지가 비견인 경우에 성립하므로 비견격(比肩格) 이라고도 합니다. 다만 일간이 '토'일 경우에는 다른데 일간이 '무 (戊)'면 월지가 '사(巳)', 일간이 '기(己)'면 월지가 '오(午)'일 때에 건록격이 됩니다.

헷갈릴 수 있으니 표로 한번 만들어 볼까요?

일간	甲	乙	丙	丁	戊	己	庚	辛	壬	癸
지지	寅	卯	巳	午	巳	午	申	酉	亥	子

어디서 본 듯한 표지요? 3장의 '신살이란?' 편에 나왔던 것입니다.

건록격인 사람은 상당히 주관이 강한 편이며, 독립하여 자수성가(自手成家)하는 경우가 많습니다. 이 말을 뒤집어 보면 그만큼 부모나 형제 덕이 없고, 물려받을 유산도 변변치 않다는 뜻이지요.

이 점은 양인격도 비슷합니다.

그리고 한번 목표를 정하면 곁에서 누가 뭐래든 묵묵히 자기 일만 하는 사람이라 융통성이 많이 모자라지만, 한편으로 성공을 위해 초지일관(初志一貫)하는 자세는 썩 훌륭하다고 하겠지요.

열심히 노력하는 만큼 큰 재물은 얻지 못해도 생활하는 데 지장은 없으며, 건강도 좋은 편입니다.

다만 남녀를 불문하고 배우자와 별거하거나 헤어지기 쉬우며, 말년이 외로울 수 있지요.

직업은 다른 통변(通變)에 따라 달라집니다.

따라서 인성(印星)이 강하면 학문에 뜻을 두게 되고, 재성(財星)이 불거지면 사업이나 장사가 어울리지요.

또 식상(食傷)이 강하면 남을 위하고 챙겨 주는 일을 갖게 되며, 관성(官星)이 두드러지면 공무원이 적격입니다.

건록격의 예를 들어 볼까요?

시	일	월	연
庚	乙	辛	丙
辰	丑	(卯)	子

월지인 '묘'가 일간인 '을'에 대하여 비견이 되는군요. 그러므로 건록격이 됩니다.

• 양인격 (羊刃格)

양인격은 월지가 겁재인 경우에 해당하므로 겁재격(劫財格)이라고도 합니다.

다만 양인격은 일간이 양간인 경우에만 성립하는데(그래서 '양인격[陽刃格]'이라고도 하지요), '무(戊)' 일간만은 건록격에서처럼 겁재가 아니라 '오(午)'가 월지일 때를 말합니다.

따라서 음 일간인 경우, 사주 전체에서 가장 기운이 강한 오행을 격으로 잡으면 되겠지요.

헷갈릴 수 있으니 표를 만들어 보겠습니다.

일간	甲	丙	戊	庚	壬
지지	卯	午	午	酉	子

역시 3장의 '신살이란?' 편에도 실려 있는 표입니다.

성격은 고집이 못 말릴 정도로 세고, 마음이 강인하다 못해 무자비할 정도입니다. 또 승부욕이 대단하여 끊임없이 주위 사람들과 부딪치며, 시비와 구설에 휘말리기 쉽지요.

다시 말해서 용감한 게 지나쳐 겁이 없는 성격이라고 할 수 있는데, 늘 마음을 다스리려는 노력이 필요합니다. 물론 여러 번 얘기했지만, 종교를 갖는 것도 좋은 방법이고요.

그리고 부모 형제는 물론 친구와도 거리가 멀어지게 되므로, 인덕(人德)이 없기로는 양인격만한 게 없을 정도입니다(그나마 건록격은 친구 덕이라도 있지요).

이렇다 보니 잘될 때에는 순조롭다가도, 안 풀릴 때에는 그대로 곤두박이고 맙니다. 한마디로 기복(起伏)이 심한 팔자라 하겠는데, 그래서인지 '굵고 짧게' 살려는 경향이 있지요.

가정 또한 평탄치 못한 경우가 많은데, 권위적이고 독재적인 성격 탓에 배우자에게 상처를 주는 일이 다반사(茶飯事)입니다. 심지어 폭력으로 이어지는 경우도 많으므로 스스로 마음을 부드럽게 가지려고 노력해야 하지요.

따라서 '상관격'이나 '편관격'인 상대는 피하는 게 좋으며, '편인격'인 사람도 성격을 잘 맞추어 보아야 합니다.

직업은, 권력에 대한 욕구가 강하고 용감하므로 군인 · 검찰 · 경찰 등이 어울립니다.

또 사주 구성이 좋으면 사업 쪽에서도 능력을 발휘하는 경우가 있으며, 운동 선수로서 이름을 날리기도 하지요.

다만 불우한 환경에서 자라게 되면 범죄에 빠질 우려가 있으므로 조심해야 합니다.

양인격은 일간을 음양으로 나누어서 보아야 하므로 예를 두 가지 들어야겠군요.

● 일간이 양간인 경우

시	일	월	연
己	庚	癸	甲
卯	子	(酉)	戌

월지인 '유'가 일간인 '경'에 대하여 겁재가 되는군요. 그리고 일간이 양간(陽干)이므로 양인격이 됩니다.

● 일간이 음간인 경우

시	일	월	연
癸	乙	壬	丁
(未)	(未)	寅	(丑)

월지인 '인'이 일간인 '을'에 대하여 겁재가 되긴 하지만, 일간이 음간(陰干)이로군요. 따라서 양인격이 성립되지 않는데, 이런

경우에는 일간을 뺀 나머지 일곱 글자 중 가장 세력이 강한 오행을 격으로 잡으면 됩니다.

명식을 보면 목[寅]이 하나, 화[丁]가 하나, 토가 셋[丑·未·未], 수[壬·癸]가 둘 있군요. 그러므로 가장 세력이 강한 '토'를 격으로 잡으면 되는데, 모두 '음토(陰土)'이므로 편재격으로 보면 되겠습니다(이런 경우에 음토와 양토가 섞여 있어도 음토로 칩니다. 다른 오행도 마찬가지지요).

외격(外格)

외격에는 종격(從格)·화격(化格)·일기 생성격(一氣生成格)·일행 득기격(一行得氣格)·양신 성상격(兩神成象格) 등이 있으나, 원리는 비슷하므로 종격만 설명하도록 하겠습니다.

종격을 설명하기 전에 우선 이 말부터 해야겠군요. 다름이 아니라 이 부분은 모든 사주 풀이 과정을 다 배우고 나서, 아니면 적어도 격국·용신만이라도 충분히 이해하고 나서 어느 정도 자신감이 붙었을 때에 보시라는 것입니다.

왜냐하면 격국의 기본은 어디까지나 월지를 중심으로 하는 내격이고, 외격은 예외적인 변형이기 때문이지요. 또 초보자에게는 혼란만 가져올 뿐이고요.

그래서 이 책을 쓰면서 원래 종격은 빼려 했습니다만, 어느 정도 수준이 되면 꼭 알아야 할 내용이므로 결국 포함시켰습니다. 그러니 꼭 제 말대로 하시길……

종격은 종왕격(從旺格) · 종아격(從兒格) · 종재격(從財格) · 종 관격(從官格) · 종강격(從強格), 이렇게 다섯 가지로 나뉩니다. 그 럼 이제부터 이 다섯 가지 종격에 대해서 하나하나 알아볼까요?

• 종왕격 (從旺格)

종왕격은 전왕격(專旺格)이라고도 하는데, 사주의 대부분이 '비겁(比劫)'으로만 이루어진 경우를 말합니다. 그리고 재성(財星) 이나 관성(官星)은 없어야 하며, 특히 월지는 반드시 '비겁'이어야 만 하지요.

성격은 모든 기운이 일간으로 몰려 있는 까닭에 고집도 이만 한 고집이 없습니다. 그리고 자신감이 넘치다 보니 모든 일에 과 감하고 도전적이며, 그럴 만한 능력 또한 갖춘 편이지요.

따라서 모든 일에 적극적일 뿐 아니라 승부욕도 대단하여, 지 나칠 정도로 성공에 집착하는 편입니다(여의치 않을 때에는 수단과 방법을 가리지 않습니다).

또 사람이나 재물에 대해서도 '가지려는 마음'이 강하여, 때때 로 주위와 마찰을 빚기도 하지요.

일간이 목(木)인 경우에 곡직격(曲直格), 화(火)인 경우에 염상 격(炎上格), 토(土)인 경우에 가색격(稼穡格), 금(金)인 경우에 종혁 격(從革格), 수(水)인 경우에 윤하격(潤下格)으로 구별해서 부르기 도 하는데, 오행의 성격에 따른 분류일 뿐입니다.

직업은 일간에 따라 다른데, 구체적으로 살펴보면 다음과 같지요.

갑(甲) 일간은 사업가나 세도가(勢道家)로 나서는 편이며, 을(乙) 일간은 학문에 뜻을 두기가 쉽습니다.

병(丙) 일간은 사업가나 예술가, 또 정(丁) 일간은 학자나 문필가(文筆家)가 어울리지요.

무(戊) 일간 역시 사업가나 예술가, 기(己) 일간은 문필가나 규모가 작은 사업가로 성공할 수 있습니다.

경(庚) 일간은 정치가나 세도가, 신(辛) 일간은 예술가나 문필가가 많지요.

마지막으로 임(壬) 일간은 학자나 사업가, 계(癸) 일간은 학자가 되거나 어느 분야에서든 참모 역할을 훌륭하게 해냅니다.

시	일	월	연
乙	甲	乙	癸
亥	寅	卯	卯

사주가 거의 비겁(比劫)으로 이루어진 데다 지지에서 해(亥)·묘(卯)가 '반합(半合)'으로 목국(木局)을 이루었으므로, 갈 데 없는 종왕격입니다.

• 종아격 (從兒格)

종아격은 사주의 대부분이 '식상(食傷)'으로 이루어진 경우를 말하는데, '낳은 자식'을 따른다 하여 '종아'란 이름이 붙었습니다.

역시 비겁(比劫)이나 인성(印星)이 없어야 하며, 월지 또한 반드시 '식상'이어야만 하지요.

기질이 한쪽으로 치우친 편이라 머리가 상당히 좋으며, 창조적이면서 변화를 꾀하는 성격입니다.

한마디로 식신과 상관의 특징을 두루 갖춘 성격이라 하겠지요.

종아격인 사람들은 학자나 정치가로 나아가 성공하는 경우가 많은데, 이는 머리가 좋고 말솜씨가 뛰어나기 때문입니다.

또 기운이 한군데로 몰린 성격이라 무엇을 하든 한 우물만 파는 경향이 있으므로, 어느 한 방면에서 일가(一家)를 이루는 경우도 드물지 않지요. 특히 학문이나 예술 쪽에 거장(巨匠)들이 많습니다.

시	일	월	연
壬	丙	己	戊
辰	辰	未	戌

사주가 거의 식상(食傷)으로 이루어진 데다, 일간이 임수(壬水)로부터 극(剋)을 당해 더욱 약해졌으므로 종아격이 됩니다.

• 종재격(從財格)

종재격은 사주의 대부분이 '재성(財星)'으로 이루어진 경우를 말합니다. 그리고 비겁(比劫)이나 인성(印星)이 없어야 하며, 월지는 반드시 '재성'이어야 하지요.

종재격은 모든 기운이 재(財)로 몰리기 때문에 재물에 대한 집착이 두드러진 게 성격의 특징입니다.

따라서 모든 인간관계를 이해득실로 따지므로 너무 계산적이라는 평을 듣기 쉬우나, 운이 따라 주면 큰 부자가 되기도 하지요.

정재(正財)가 강한 사람은 구두쇠 소리를 들을 정도로 절약 정신이 철저하며, 반대로 편재(偏財)가 강한 사람은 유행을 좇는 편이고 사업 수완이 뛰어나지만 낭비도 심한 편입니다.

또한 종재격인 사람은 돈벌이에 대한 감각을 타고났으므로, 학자나 어떤 분야의 전문가보다는 사업가나 경영에 관여하는 일이 직업으로 알맞습니다. 대체적으로 사업·경영 관리·금융 관리·상업 예술·부동산 관련 업무 등이 이에 해당하겠지요.

특히 편재가 아주 강한 사람은 뭔가 특이한 사업 쪽으로 눈을 돌리는 경향이 있는데, 상업 예술 분야에서 이름을 날리는 경우도 많습니다.

시	일	월	연
丙	乙	己	戊
戌	未	未	戌

사주가 거의 재성(財星)으로 이루어진 데다, 일간의 힘이 병화(丙火)를 생(生)해 주느라 더욱 약해졌으므로 종재격이 됩니다.

• 종관격 (從官格)

종관격은 종살격(從殺格)이라고도 하는데, 사주의 대부분이 '관성(官星)'으로 이루어진 경우를 말합니다. 그리고 비겁(比劫)·인성(印星)과 더불어 식상(食傷)도 없어야 하며, 월지는 반드시 '관성'이어야 하지요.

성격은 대체로 명예를 중하게 여기고 권위를 지키려 하므로, 대의명분(大義名分)에 상당히 집착하는 경향이 있습니다.

또한 정관(正官)이 강한 사람은 원칙에 철저하며, 편관(偏官)이 강한 사람은 권력에 대한 집착이 좀더 강한 편이지요.

직업으로는 공무원이 안성맞춤인데, 특히 검찰·경찰 등 권력 기관에서 일하는 사람들이 많습니다. 일반 기업체에 다니는 경우에는 남들보다 승진이 빠른 편이고요.

다만 워낙 조직에 어울리는 타입이기 때문에 사업은 '도시락 싸 들고 쫓아다니며' 말리고 싶습니다. 가끔 주위에서 퇴직 공무원이 연금을 한꺼번에 받아서 사업에 투자했다가 사기를 당하거나 쫄딱 망했다는 말들이 심심찮게 들리는데, 워낙 안 맞는 일에 멋모르고 덤벼들었기 때문이겠지요.

운이 맞아떨어지면 정치가로 입신(立身)하는 경우도 간간이 있으며, 고위 공무원에 오르는 경우도 많습니다.

시	일	월	연
甲	辛	丁	丁
午	巳	未	未

사주가 거의 관성(官星)으로 이루어진 데다 지지에서 사(巳) · 오(午) · 미(未)가 '방합(方合)'을 이루어 화국(火局)이 되었습니다. 게다가 갑목(甲木)을 극(剋)하느라 또 힘을 앗기니 관성을 따를 수밖에 없지요.

전형적인 종관격입니다.

• 종강격 (從强格)

종강격은 강왕격(强旺格)이라고도 하는데, 사주의 대부분이 '인성(印星)'으로 이루어진 경우를 말합니다. 그리고 재성(財星) · 관성(官星)을 꺼리며, 월지는 반드시 '인성'이어야 하지요.

성격은 고집이 무척 세다고 할 수 있는데, 그런 만큼 어떤 일에든 성취하려는 의지가 대단합니다. 그리고 비할 데 없이 영리하고 재주가 많으며, 학문을 좋아하지요.

또 사람들의 속마음을 꿰뚫고 있으므로 대인 관계에 능한 반면에, 자기 자신의 속마음은 잘 드러내지 않습니다.

종강격은 인수(印綬) · 편인(偏印)이 섞여 있는 경우가 대부분이므로, 자연히 편인의 특징이 더 두드러지게 나타납니다. 따라서 어떤 사람이나 틀에 묶이는 걸 병적으로 싫어하며, 자기만의 세계에 빠져드는 경우가 많지요.

또한 모든 일에 이해가 상당히 빠른 편이지만, 한번 게을러지기 시작하면 오랫동안 무위도식(無爲徒食)하며 지내기 십상인 것도 편인의 단점이 작용하기 때문입니다.

시	일	월	연
戊	庚	己	戊
辰	申	未	戌

사주가 대부분 인성(印星)으로 이루어져 있으므로 종강격이 됩니다.

용신(用神)이란?

자, 드디어 마지막입니다. 이제 용신 정하는 법만 배우면 사주 풀이를 위한 기초 지식을 모두 익히는 셈이지요.

그러니 다시금 마음을 다잡으시고 마무리를 잘하시기 바랍니다.

앞에서도 여러 번 얘기했지만, 사주 풀이는 어떤 오행이 어느 계절에 태어났는가를 살피는 것에서 시작합니다. 그리고 바로 전에 배운 '격국'을 정하고, 이 용신을 잡는 것으로 준비를 마치는 것이지요.

그럼 먼저 용신이란 무엇인가부터 알아야겠지요?

용신은 '최희신(最喜神)'이라고도 하는데, 하나의 사주가 잘 구성되려면 어떤 '음양오행'의 조건이 필요한가에 따라 그 기준이 되는 것을 말합니다. 말하자면 하나의 사주에서 제일 필요로 하는 길신(吉神)을 일컫는 말이지요.

좀더 구체적으로 설명하자면 일간이 너무 강한 사주에서 그 힘을 빼 주는 오행, 또 일간이 너무 약한 사주에서는 그 힘을 북돋워 주는 오행을 말하는 것입니다(억부 용신).

그리고 더운 사주에 필요한 찬 기운, 또 찬 사주에 필요한 더운 기운을 말하는 것이기도 하지요(조후 용신).

다시 말해서 바로 앞에서 배운 격국이 타고난 기질을 분류한 '진단서'나 '처방전'이라면, 용신은 그 '치료법'이라 하겠습니다.

그런데 용신은 한 글자가 되는 경우가 많지만, 때로는 하나의 오행이나 사주 전체의 구조 자체가 용신을 나타내는 경우도 있습니다.

그럼 여기서 용신과 관계된 용어들을 먼저 정리해 보도록 할까요? 여기에 나오는 '신'자는 전통적으로 전해 내려오는 표현일 뿐, 무속(巫俗)에서 말하는 '귀신'과는 전혀 상관이 없으므로 오해 없으시길 바랍니다.

• 희신(喜神) : 말 그대로 기쁜 신, 일간과 용신을 도와주는 오행을 말합니다.
• 기신(忌神) : 말 그대로 꺼리는 신, 일간과 용신을 해지는 오행을

말합니다.

- 구신(救神) : 기신을 해치는 오행을 말합니다.
- 구신(仇神) : 희신을 해치는 오행을 말합니다.
- 한신(閑神) : 말 그대로 쉬는 신, 당장에는 별 역할을 못하는 오행을 말합니다.

여기서 '해친다'라는 말은 '충·극' 등을 뜻하는 것이지요. 그리고 사주에서 자주 쓰이는 개념은 '희신'과 '기신'이므로, 나머지는 참고만 하시면 되겠습니다.

그러면 이번에는 용신의 종류를 알아보기로 하지요.
용신은 '억부(抑扶) 용신'·'조후(調候) 용신'·'통관(通關) 용신'·'병약(病藥) 용신'·'전왕(專旺) 용신(종화[從化] 용신이라고도 합니다)', 이렇게 다섯 가지로 나눌 수 있습니다.

그런데 실제로는 억부 용신과 조후 용신이 주로 쓰이므로, 여기서는 이 두 가지와 함께 전왕 용신만 추가로 설명하도록 하지요.

여기서 한 가지 주의할 점이 있습니다.
보통 용신을 잡을 때에는 '억부법'이 주로 쓰이는데, 이것만 고집해서는 사주 풀이를 그르치기 십상이지요.
무릇 용신이란 사주 전체의 기운을 살펴, '일간의 강약'과 '조열한습(燥熱寒濕)'을 따져서 전체를 조화로이 만드는 것입니다. 그래서 일간과 월지를 그토록 중히 여기는 것이지요.

따라서 억부와 조후 중 어느 것을 위주로 하든, 꼭 두 가지 다 고려해야 한다는 점을 마음에 새기시기 바랍니다.

억부 용신(抑扶用神)

우리가 용신을 구할 때, 가장 먼저 따져 보는 것이 이 억부 용신입니다.

앞에서 설명했듯이, 억부란 넘치는 것은 덜어 내고 모자라는 것은 채워 주는 작용을 말하는 것이지요.

다시 말해서 일간의 강약을 살핀 다음에 신강한 일간은 힘을 빼 주고, 신약한 일간은 힘을 보태 주는 것임을 이미 배웠습니다.

그리고 봄·가을에 태어난 사람은 주로 이 억부법을 써서 용신을 잡는데, 계절의 특성상 기온의 편차가 크지 않기 때문이지요 (그래도 조후법 역시 같이 적용해 보아야 합니다).

복습 삼아 '억부란?' 편에서 배웠던 부분을 다시 한 번 정리해 보도록 하지요.

일간이 강할 때에는 관성(官星)으로 제극(制剋)해 주거나, 관성이 없으면 식상(食傷)으로 설기(泄氣)해 주며, 그마저 없으면 재성(財星)으로 분산(分散)시켜 주어야 합니다. 그리고 이러한 역할을 하는 오행이 용신이 되는 것이지요.

일간이 약할 때에는 인성(印星)으로 생해 주거나, 인성이 없으면 비겁(比劫)으로 도와주어야 합니다. 물론 여기서 인성이나 비겁이 용신이 되는 게지요.

억부에 대해서는 이미 '억부란?' 편에서 자세히 설명했으므로 예를 드는 것으로 설명을 마치겠습니다. 신강일 때와 신약일 때, 이렇게 두 가지 예를 들어야겠군요.

• 신강사주

시	일	월	연
(辛)	乙	癸	丁
巳	丑	卯	卯

위의 사주를 보면 일간이 '을목(乙木)'인데, 같은 '목'이 연지와 월지에 하나씩 더 있습니다. 더구나 월지가 '목'이니 득령하였고, 월간의 '계수(癸水)'가 '목'을 생해 주므로 일간의 힘이 무척 강한 신강 사주지요.

따라서 일간의 힘을 깎아 주어야 하는데, 위에서 배웠듯이 이럴 때에는 관성(官星)이 제일 먼저이므로 시간인 '신금(辛金)'을 용신으로 잡습니다.

• 신약 사주

시	일	월	연
丙	甲	丙	辛
(子)	戌	申	酉

위의 사주를 보면 일간인 '갑목(甲木)'을 극하는 관성(官星)이

'신(辛) · 신(申) · 유(酉)', 이렇게 세 개나 됩니다(이런 경우를 다관살[多官殺] 신약 사주라고 합니다). 게다가 실령 · 실세 · 실지하여 일간의 힘이 초라할 정도로 약하지요.

따라서 일간의 기운을 북돋워 주어야 하므로, 시지에 있는 '자수(子水)'가 용신이 됩니다.

조후 용신(調候用神)

사주 풀이를 하는 데 있어서 가장 중요한 부분이 바로 계절과의 관계입니다.

조후는 일간이 적당한 경우에 억부를 용신으로 잡지 않고, 이 계절의 기운(조[燥] · 열[熱] · 한[寒] · 습[濕])을 살펴 용신을 정하는 법을 말하지요(물론 억부법도 참조해야 합니다).

즉 추운 사주는 덥게 하고, 더운 사주는 차게 해 주는 것을 말합니다. 또 마른 사주는 축축하게 하고, 축축한 사주는 마르게 해 줘야겠지요.

두말할 것도 없이 이러한 역할을 하는 오행이 용신이고요.

특히 여름 · 겨울에 태어난 사람의 사주는 이 조후법을 써서 용신을 잡는 경우가 많습니다. 역시 계절의 특성 때문이지요. 또 대운이나 세운의 길흉(吉凶)을 살필 때에도 이 조후법을 활용하는 경우가 많습니다.

그럼 복습하는 뜻에서 '조후란?' 편에서 이미 설명한, 어떤 오행이 어떤 기후의 특성을 띠는지 다시 한 번 정리해 보겠습니다.

- 천간의 조열성(燥熱星) : 甲 · 乙 · 丙 · 丁 · 戊
- 천간의 한습성(寒濕星) : 己 · 庚 · 辛 · 壬 · 癸
- 지지의 조열성(燥熱星) : 寅 · 卯 · 巳 · 午 · 未 · 戌('가을 흙'이라 따
  뜻하지는 않습니다)
- 지지의 한습성(寒濕星) : 申 · 酉 · 亥 · 子 · 丑 · 辰('봄 흙'이라 차지
  는 않습니다)

그리고 지지에서 토(土)를 나타내는 '진 · 술 · 축 · 미'의 성격
이 제각기 다르다고 앞에서 설명했는데, 어떻게 다른지 구체적으
로 알아보지요.

- 진(辰) : 3월의 흙이라 따뜻하지만 물기를 머금고 있습니다.
- 미(未) : 6월의 흙이라 따뜻하고 푸석푸석합니다.
- 술(戌) : 9월의 흙이라 차지만 마른 흙입니다.
- 축(丑) : 12월의 흙이라 몹시 차고, 물기가 얼어 있습니다.

같은 흙이라도 이처럼 제각각이므로, 사주 풀이를 할 때에 그
특성을 잘 살펴야 합니다.

가령 일간이 목(木)이라고 할 때, 어느 땅에 심어졌느냐에 따
라 자라는 환경이 크게 달라지겠지요.

이제 예를 들어 보겠습니다. 역시 찬 사주와 더운 사주, 이렇
게 두 가지를 살펴보지요.

• 찬 사주

시	일	월	연
丙	庚	甲	癸
寅	子	子	丑

위의 사주를 보면 일간인 '경금(庚金)'이 한겨울인 자월(子月, 11월)에 태어나 손이 쩍쩍 달라붙을 정도인데, 월지를 포함해서 '수'가 '계(癸)·자(子)·자(子)', 이렇게 세 개나 됩니다. 게다가 연지인 '축토(丑土)'도 언 땅이지요.

이 정도 되면 거의 겉에 얼음이 꽁꽁 얼었을 정도일 테니, 이를 녹여 줄 불기운이 필요하겠지요? 시간에 있는 '병화(丙火)'가 바로 그 불기운, 다시 말해서 용신입니다.

• 더운 사주

시	일	월	연
壬	甲	丙	丁
申	午	午	卯

위의 사주를 보면 일간인 '갑목(甲木)'이 한여름인 오월(午月, 5월)에 태어나 가뜩이나 물기가 부족한데, 역시 월지를 포함에서 '화'가 '병(丙)·정(丁)·오(午)·오(午)', 이렇게 네 개나 됩니다.

한마디로 말라 죽어도 벌써 말라 죽었을 나무인데, 다행히도 사막의 오아시스 같은 오행이 하나 있군요. 시간에 있는 '임수(壬

水)'가 바로 그 오아시스 같은 용신입니다.

전왕 용신(專旺用神)

전왕 용신은 종화(從化) 용신이라고도 합니다. 사주가 종격(從格)인 경우, 격국 자체가 용신이 되기 때문에 붙여진 이름이지요.

그리고 위에서 용신을 설명하면서 사주 전체의 구조 자체가 용신을 나타내는 것도 있다고 했는데, 전왕 용신이 바로 그런 경우입니다.

전왕 용신을 한마디로 정리하자면, 철저히 대세를 좇는다는 것입니다.

위에서 '억부법'을 설명하면서 강한 힘은 깎아 주어야 한다고 했는데, 여기서는 반대지요. 가령 성냥불은 입김만 불어도 꺼지지만, 산불 정도쯤 되면 어지간한 바람이 불어 봤자 오히려 불길만 더 번지게 만드니까요.

따라서 전왕 용신은 구하고 자시고 할 필요도 없습니다. 가장 강한 오행이 격국이자 곧 용신이기 때문이지요.

앞서 종격을 설명하면서 들었던 예들의 용신을 구해 보기로 하지요.

* 종왕격

시	일	월	연
乙	甲	乙	癸
亥	寅	卯	卯

종왕격이므로 용신 또한 '비겁(比劫)'이 됩니다.

• 종아격

시	일	월	연
壬	丙	己	戊
辰	辰	未	戌

종아격이므로 역시 용신은 '식상(食傷)'이 되지요.

• 종재격

시	일	월	연
丙	乙	己	戊
戌	未	未	戌

종재격이므로 용신 또한 '재성(財星)'이 됩니다.

• 종관격

시	일	월	연
甲	辛	丁	丁
午	巳	未	未

종관격이므로 마찬가지로 '관성(官星)'이 용신이 되지요.

● 종강격

시	일	월	연
戊	庚	己	戊
辰	申	未	戌

종강격이므로 두말할 것 없이 '인성(印星)'이 용신입니다.

5

●

사주 풀이 예

자, 이제 사주 풀이를 위한 준비는 다 마쳤습니다.

초보자를 위한 책이라 속속들이 완벽하다고는 할 수 없지만, 그래도 핵심이 되는 내용들은 빠짐없이 챙겼으니 자신감을 가지셔도 되겠지요.

우리는 몸에 이상이 있을 때에 병원에서 엑스레이를 찍습니다. 그런데 어떤 병원에서는 아무 이상이 없다고 하고, 다른 병원에서는 병을 밝혀 내기도 하지요.

그런 겁니다. 같은 필름에서 이상을 발견하는 방사선과 의사가 있고 그렇지 못한 의사가 있듯이, 같은 명식(命式, 사주팔자를 나타낸 것입니다)을 놓고서도 풀이는 천차만별이지요.

따라서 꾸준한 임상(臨床)을 통해 희미한 그림자 하나라도 놓치지 않는, 프리즘 같은 안목을 길러야 합니다. 그러기 위해서는 먼저 아는 사람들의 사주를 풀어 보면서 연역적(演繹的)으로 이해

해 가는 것도 좋은 방법이겠지요.

그럼 먼저 사주를 푸는 순서부터 알아보겠습니다.

첫째, 일간의 오행과 월지의 계절을 살핍니다.

둘째, 일간의 강약을 살핍니다.

셋째, 사주 전체의 '조열한습(燥熱寒濕)'을 살핍니다.

넷째, 일간에 비추어 나머지 오행의 육신을 정합니다.

다섯째, 합·충과 신살 등을 살핍니다.

여섯째, 격국을 구합니다.

일곱째, 용신을 구합니다.

여덟째, 가족 관계를 검토하고, 대운의 흐름을 살핍니다.

아홉째, 세운과 월운을 살핍니다.

자, 이제부터 여러 사례들을 직업별·유형별로 나누어서 메스를 대 볼까요?

그런데 이 말은 해야겠군요.

각 사주 명식마다 특정한 직업에 맞는 특성들을 열거해 놓았는데, 개중에는 서로 겹치는 경우도 많습니다. 따라서 하나의 사주가 꼭 한 가지 직업 적성만을 드러내는 것은 아니지요.

우리 주위를 보면 검사였다가 정치계에 입문한 사람도 있고, 씨름 선수였다가 연예계에 발을 들여놓은 사람도 있지 않습니까?

왜소한 '남산골 샌님' 타입이 갑자기 역도 선수가 되겠다고 나서듯이 극단적인 경우가 아니라면, 누구에게나 여러 갈래의 길이 주어져 있습니다. '세상은 넓고, 할 일은 많다'란 책 제목처럼 말이지요.

아래에 예로 든 명식 중에는 유명인들의 사주도 있지만, 프라이버시를 존중하는 뜻에서 이름을 밝히지는 않겠습니다.

교육자

우선 교육자의 사주는 어떤 특성을 지니는지 살펴볼까요?

첫째, 인성(印星)이 왕(旺)하거나 지지가 '인수국(印綬局)'을 이루면 교육자의 길을 가기가 쉽습니다. 인수가 '책'을 뜻하기 때문이지요.

둘째, 월지나 용신이 인성인 경우도 교육자 사주입니다.

셋째, 특히 월지가 봄이고 일간이 목(木)인 경우에는 거의 교육자가 됩니다.

넷째, 식상(食傷)이 발달해도 교육자로 성공하는 경우가 많습니다. 식상은 '학생'을 뜻하기 때문이지요.

그럼 이제 예를 들어 보기로 하지요.

시	일	월	연
癸	乙	癸	丁
未	巳	卯	酉

61	51	41	31	21	11	1
庚	己	戊	丁	丙	乙	甲
戌	酉	申	未	午	巳	辰

위의 예는 어느 여선생님의 사주입니다.

그럼 복습부터 해 볼까요?

양인격에 신강 사주로군요.

그리고 을목(乙木) 일간이 봄에 태어났으니 전형적인 교육자 사주로, 더 볼 것도 없겠지요.

사업가

다음은 사업가 사주의 특성입니다.

첫째, 일간이 신강해야 합니다. 그래야 주위에 휘둘리지 않고 자기 소신을 펼쳐 나갈 수 있기 때문이지요. 단 다소 신약하더라도 대운의 흐름이 잘 받쳐 주면 사업에 성공할 수도 있습니다.

둘째, 재성(財星)이 강해야 하며 식신도 있어야 합니다. 특히 정·편재가 혼잡되어 있어서는 안 되지요.

	시	일	월	연
	丁	庚	丁	(乙)
	丑	申	(亥)	(卯)

66	56	46	36	26	16	6
庚	辛	壬	癸	甲	乙	丙
辰	巳	午	未	申	酉	戌

어느 재벌의 사주입니다.

우선 식신격에 득지하여 약간 신강한 사주임을 알 수 있군요.

그리고 연주의 천간에 정재인 을목(乙木)이 투간되어 있고, 월지인 해수(亥水)가 연지인 묘목(卯木)과 삼합을 이루어 또다시 '목국(木局)', 다시 말해서 '재국(財局)'이 됩니다(이런 경우를 특히 '식신생재격[食神生財格]'이라 하지요).

게다가 일간인 경금(庚金)을 양쪽에서 정화(丁火)가 녹여 주니 '부귀 쌍전(富貴雙全)'의 사주입니다.

종교인

그럼 이번에는 종교인 사주의 특성을 알아볼까요?

첫째, 화(火)나 토(土)인 일간에 토가 성하면 종교인이 되는 경우가 많습니다. 화 일간인 경우에는 '화생토'하여 토를 생해 주고, 토의 오상이 '신(信)'이기 때문이지요.

둘째, 화개살이 많은 경우에도 종교인이 되기 쉽습니다.

셋째, 용신과 대운의 흐름이 너무 맞지 않으면 사회에서 밀려나게 되므로, 종교에 의지하게 되는 경우가 많습니다.

시	일	월	연
乙	己	辛	甲
(丑)	丑	未	申

65	55	45	35	25	15	5
戊	丁	丙	乙	甲	癸	壬
寅	丑	子	亥	戌	酉	申

어느 스님의 사주입니다.

을목(乙木)이 투간되어 있으므로 편관격이고, 득령·득세·득지하여 신강 사주인 데다 토(土)의 세가 강합니다.

게다가 시지인 축토(丑土)가 화개살에 해당하므로 갈 데 없는 종교인 사주지요.

법조인

법조인 사주의 특성을 보지요.

첫째, 일간이 관성(官星)의 극을 충분히 감당할 정도로 신강해야 합니다.

둘째, 사주에 편관이 있고, 재성(財星)의 도움을 받아 기운이 왕성해지면 법조인이 되는 경우가 많습니다.

셋째, 월지가 양인(羊刃)인 경우에는 특히 검사가 되는 경우가 많지요.

넷째, 경(庚) 일간이 월주나 시주에서 병화(丙火)를 만나거나, 병(丙) 일간이 역시 월주나 시주에서 경금(庚金)을 만나면 법조계로 빠질 확률이 높습니다.

어느 검사의 사주입니다.

양인격이고, 득령·득지하여 일간의 힘도 강하군요.

또 경(庚) 일간인데, 시주에 편관인 병화(丙火)가 투간되어 있으므로 바라는 대로 검사가 될 수 있었습니다.

의료인

다음은 의료인 사주의 특성입니다.

첫째, 신금(辛金) 일간이 지지에 '목국(木局)'이나 '화국(火局)'을 이루고, 관성(官星)을 만나게 되면 의료계에서 일하게 되는 경우가 많습니다(신금에는 '주사 바늘'의 뜻도 있기 때문이지요).

둘째, '의술은 인술(仁術)'이라는 말이 있듯이, 사주에 '목(木)·화(火)'가 많으면 자기 자신을 불태워 빛을 밝히는 격이므로 의료인이 되기도 합니다.

셋째, 양인살이 있거나, '묘(卯)·유(酉)·술(戌)' 중 두 글자 이상 있어도 의료인이 되는 경우가 많습니다.

시	일	월	연
壬	辛	辛	甲
辰	卯	未	午

62	52	42	32	22	12	2
戊	丁	丙	乙	甲	癸	壬
寅	丑	子	亥	戌	酉	申

어느 외과 의사의 사주입니다.

편인격이고, 약간 신강한 사주로 봐야 할까요(이렇게 일간의 강약이 확실치 않은 경우에는 '조후법'에 따라 용신을 잡는 게 좋습니다)?

신금(辛金) 일간인데 지지에 묘(卯)·진(辰)과 묘(卯)·미(未)가 '목국(木局)'을 이루고, 오(午)·미(未)가 '화국(火局)'을 이루었군요(앞의 목국은 '방합[方合]', 뒤의 목국은 '삼합[三合]'임을 아실 겁니다).

한마디로 전형적인 의료인 사주지요.

금융인

금융인 사주의 특성부터 살피기로 하지요.

첫째, 일간이 신왕하고, '재격(財格)'이 되거나 지지가 '재국(財局)'을 이루는 경우에 금융인이 되기 쉽습니다.

둘째, 일지가 재성(財星)이고, 다른 지지에도 재(財)가 있는 사주는 금융계와 인연이 있습니다.

셋째, 금융인 사주에 관(官)이 있고 희신(喜神)에 해당하면, 재경계(財經界) 관료가 되기도 합니다.

시	일	월	연
戊	甲	丁	甲
辰	辰	卯	子

64	54	44	34	24	14	4
甲	癸	壬	辛	庚	己	戊
戌	酉	申	未	午	巳	辰

어느 은행 지점장의 사주입니다.

건록격이라 득령은 했지만, 약간 신강한 정도입니다.

그런데 일지에 재(財)를 깔고 있고 시주 또한 재성(財星)으로만 이루어져 있어서, 상업 고등학교를 졸업하자마자 바로 은행에 들어가 지점장까지 올랐습니다.

연예인

이번에는 10대들의 선망(羨望)인 연예인입니다. 이른바 '끼'가 있는 사주를 말함인데, 역시 그 특성부터 알아봐야겠지요?

첫째, 편인격이거나 사주에 편인이 강하고, 재성(財星) 또한 두드러지거나 용신이면 연예계로 진출하는 경우가 많습니다.

둘째, 사주에 도화살과 화개살이 있으면 연예인으로서 인기를 누리게 됩니다.

셋째, 사주 전체에 화기(火氣)가 두드러지고, 특히 지지에서 인(寅)·오(午)·술(戌)의 '삼합'이나 사(巳)·오(午)·미(未)의 '방합'을 이루면 연예계와 '찰떡궁합'이지요(연예인은 자기 자신을 드러내는 직업이므로 화[火]의 기운을 필요로 하는 겁니다).

넷째, 화(火)가 강한 사주에 '합(合)'이 많으면 더욱 그 '끼'가 두드러집니다('암합[暗合]'도 포함됩니다).

시	일	월	연
丙	庚	壬	丁
子	午	寅	丑

68	58	48	38	28	18	8
己	戊	丁	丙	乙	甲	癸
酉	申	未	午	巳	辰	卯

어느 여배우의 사주입니다.

시주에 병화가 투간되어 편관격을 이루며, 상당히 신약하네요.

그런데 이 사주의 특징은 화(火)의 기운이 상당히 강하다는 것입니다. 연주와 시주에 화(火)가 투간되어 있는 데다, 월지와 일지의 인(寅)·오(午)가 합하여 화국(火局)을 이루지요.

그리고 또 하나의 특징은 합이 많다는 것입니다. 위에서 얘기한 '삼합' 외에도 연간과 월간이 정(丁)·임(壬) '간합(干合)'을 이루고 있군요.

이것들뿐이 아닙니다. 연지와 월지의 지장간끼리도 세 쌍이나 '암합(暗合)'을 이루니 인기가 하늘을 찌를 정도지요.

그만큼 여러 남자들과 사랑과 이별을 되풀이하며 굴곡 많은 삶을 살았습니다.

기술자

살아오면서 이리저리 삶에 휘둘릴 때마다, 이렇다 할 기술 한 가지 없는 '책상물림'의 자괴(自愧)를 되씹곤 했습니다. 그만큼 기술이란 험한 세상 속에서 자기 자리를 굳건히 받쳐 주는 토대가 되지요.

그럼 기술자 사주의 특성을 살펴볼까요?

첫째, 금(金) 일간에 목(木)·화(火)가 많으면 기술을 익히는 경우가 많습니다.

둘째, 화(火) 일간이 금(金)을 만났을 때, 식상(食傷)이 왕하거나 용신이 될 때에도 기술 계통으로 빠지기 쉽습니다.

셋째, 지지에 충(沖)과 합(合)이 같이 있으면, 해체하고 조립하는 일에 능숙하게 되지요.

시	일	월	연
甲	庚	甲	戊
申	午	寅	戌

64	54	44	34	24	14	4
辛	庚	己	戊	丁	丙	乙
酉	申	未	午	巳	辰	卯

어느 정비 공장 책임자의 사주입니다.

경금(庚金) 일간에 편재격인데, 약간 신약하군요(이런 경우를 다재 신약[多財身弱]이라고 합니다). 그리고 목(木)이 많고, 화(火)도 하나 있고요.

게다가 지지에 인(寅) · 신(申) '충'과 인(寅) · 오(午) · 술(戌) '합'이 같이 있으니 일찍부터 기술을 익히게 된 것입니다.

군인

한때 사관학교 붐이 기승(氣勝)을 떨었지요. 그때 제 동창 하나가 그 어렵다는 육사(陸士) 시험에는 붙었는데, 예비고사에 떨어지는 바람에 자살 소동까지 일으켰던 기억이 납니다. 지금 생각해 보면, 군인 사주가 아니라서 그랬지 않나 싶기도 하네요. 허허.

그럼 군인 사주의 특성을 한번 보지요.

첫째, 금(金) 일간이거나 금 기운이 몹시 강하면서, 편관격이거나 편관이 용신이면 군인이 되는 경우가 많습니다. 왜냐하면 금은 '용감함'과 '권력', '혁명' 등의 속성을 지녔고, 오상으로는 '의(義)'를 뜻하기 때문이지요.

둘째, 일간이 신강하고, 편관이나 상관이 왕성해도 군인 사주로 봅니다.

셋째, 사주에 괴강(魁罡) 또는 양인(羊刃)이 있거나, 충(沖)이 많아도 군인이 될 수 있습니다.

시	일	월	연
丙	庚	甲	辛
戌	申	午	酉

67	57	47	37	27	17	7
丁	戊	己	庚	辛	壬	癸
亥	子	丑	寅	卯	辰	巳

영관급(領官級) 장교의 사주입니다.

경금(庚金) 일간에 금(金)이 세 개나 더 있군요. 게다가 편관격에 일간이 태왕(太旺)하고요.

월지에 뿌리를 둔, 시간인 병화(丙火)가 용신이면서 사주의 주인을 군인으로 이끄는 역할을 합니다.

부자 사주

남녀노소 가릴 것 없이 가장 큰 관심사지요. 도대체 어떤 복을 타고나야 부자가 될 수 있는지, 그 특성을 한번 알아보겠습니다.

첫째, 일간이 신강하고 재성(財星)이 월지에 있거나 강하며, 식상(食傷) 또는 관성(官星)이 있으면 부자가 된다고 합니다.

둘째, 일간과 인성(印星)이 왕성하고 식상(食傷)이 있으며, 재성(財星)이 있을 때에도 부자 사주로 봅니다.

셋째, 재성(財星)이 용신 또는 희신에 해당하고, 관성(官星)을 생할 때에도 부자가 된다고 하지요.

넷째, 재성(財星)과 식상(食傷)이 천간에 투간되고, 지지에 뿌리를 내렸을 때에도 부자가 됩니다.

시	일	월	연
丁	庚	乙	己
卯	申	亥	亥

69	59	49	39	29	19	9
戊	己	庚	辛	壬	癸	甲
辰	巳	午	未	申	酉	戌

강남에 빌딩이 몇 채나 된다는 분의 사주입니다.

식신격인데 득지하고 을(乙)·경(庚)이 간합하여 금국(金局)을 이루었으므로, 일간이 강한 편입니다.

게다가 정재인 을목(乙木)이 시지에 뿌리를 내리고 있으며, 시간인 정화(丁火)가 일간인 경금(庚金)을 제련해 주므로 그만한 부를 이룰 수 있었지요.

아내 덕 있는 사주

아내 덕이 있으려면 어떤 사주여야 할까요?

첫째, 재성(財星)이 용신이나 희신이면 아내 덕이 있습니다. 남자에게 재(財)는 재물이자 '아내'이기 때문이지요.

둘째, 일지가 재성(財星)이며 길신(吉神)에 해당될 때에도 아내 덕을 보지요(특히 아내로 인해 재물이 생깁니다).

셋째, 정재·편재가 혼잡되지 않아야 합니다.

시	일	월	연
癸	丁	乙	丁
卯	㉠酉	巳	未

70	60	50	40	30	20	10
戊	己	庚	辛	壬	癸	甲
戌	亥	子	丑	寅	卯	辰

제가 사무실을 열고 있었을 때에 오셨던 손님 사주입니다.

일간이 정화(丁火)인 신강 사주인데, 일지가 편재로군요. 또 사주가 전체적으로 조열(燥熱)한 편이라 용신은 시간에 있는 계수(癸水)가 되며, 재성(財星)인 금(金)은 용신을 생해 주는 희신입니다.

남편 덕 있는 사주

이번에는 남편 덕 있는 사주의 특성입니다.

첫째, 관성(官星)이 용신이나 희신이면 남편 덕이 있는 것으로 봅니다. 여자에게는 관(官)이 남편이기 때문이지요.

둘째, 일지는 배우자 자리이므로 일지가 희신이면 남편 덕이 있고, 기신이면 남편 덕이 없습니다(남자인 경우에도 마찬가지지요).

셋째, 정관·편관이 혼잡되지 않아야 합니다.

시	일	월	연
丁	丁	㉠癸	丁
未	㉠酉	卯	酉

64	54	44	34	24	14	4
庚	己	戊	丁	丙	乙	甲
戌	酉	申	未	午	巳	辰

역시 예전에 보았던 손님 사주입니다.

편인격에 신강 사주인데, 사주가 전체적으로 조열(燥熱)하군요. 따라서 월간에 있는 계수(癸水)가 용신이 되고, 육친으로 보면 편관이라 곧 남편입니다.

그리고 일지인 유금(酉金) 역시 용신을 생해 주는 희신이 되지요.

6

●

일간에 따른 성격

일간이 양간(陽干)이면 대체로 외향적(外向的)이고 과감하며, 모든 일에 적극적이고 실천력이 뛰어납니다. 그리고 자기 생각을 거침없이 나타내지요.

또 일간이 음간(陰干)이면 대개 내성적(內省的)이고 소심하며, 다분히 이론적이고 자기 생각을 잘 드러내지 않는 편입니다.

그럼 이번에는 오행별로 살펴보도록 할까요?

목(木) 일간 : 인(仁)

갑목(甲木)

양목(陽木)이라 큰 나무·동량(棟梁)이고, 오상(五常)의 인(仁)에 해당하므로 어질고 인자함이 주로 작용하며, 앞에 나서서 행하는 면이 있습니다.

그리고 예술이나 정신 세계에 일가견이 있으며 감각도 뛰어나지만, 현실 감각은 떨어지는 편이고 한편으로 매몰찬 면도 있지요.

기운이 너무 강하면 모든 십간이 그렇듯이, 고집 세고 속이 좁으며 욕심이 많아서 남을 이해하기보다는 무시하는 기질이 있습니다. 이러한 마음이 지나치면 따르는 사람은 없는데 스스로 우두머리가 되고자 하므로, 세상을 원망하며 삶을 허비하기 쉽지요.

또한 기운이 적당하거나 약간 강하면 성격이 원만하며 포용력이 있고, 측은지심(惻隱之心)이 발휘되는 면이 강합니다. 그리고 책임감이 강한 데다 나서는 기질이 있어서, 약한 사람을 보면 그냥 지나치지 못하고 보살피려는 경향이 있지요.

반면에 너무 약하면 다른 십간과 마찬가지로 모든 일에 자신감이 떨어지고 추진력이 약하며, 어떤 일을 시작해도 끝을 맺는 면이 부족합니다. 또 어진 마음인 인(仁)이 약하므로 남을 보살피는 대신 오히려 도움을 바라는 쪽으로 바뀔 여지가 있지요.

직업으로는 종교인이나 교사, 사상가, 정치가, 예술가 등이 어울리는 편입니다.

사주의 조화가 맞지 않으면 건강상 담이나 머리뼈에 이상이 있을 수 있으며, 눈이 나빠질 수도 있지요.

위에서 일간의 강약을 언급했는데, 잘 이해가 가지 않으시면 앞서 4장에 나오는 '일간의 강약이란?' 편을 다시 한 번 읽어 보시기 바랍니다.

을목(乙木)

음목(陰木)이라 화초·넝쿨이고, 갑목과 마찬가지로 인(仁)에 해당하므로 어질고 인자함이 특성이나, 갑목보다 더욱 어진 면이 있습니다.

또 사람을 대함에 있어서 친절하고 성실한 면이 강하며, 잔정이 많은 편이고, 차분한 데다 세심하므로 남을 챙기는 특성 또한 강하지요.

그리고 미남·미녀가 많으며, 은근히 사람을 끄는 매력도 있습니다.

너무 강하면 남을 무시하고 자신만이 최고라는 기질이 생기므로, 말로 표현은 하지 않으나 사람들과 갈등과 다툼이 심한 편이므로 참을성이 없는 사람입니다.

또 적당히 강하거나 기운이 있으면 인자하고 인정이 많으며, 사람들을 이해심으로 대해 주고, 무슨 일을 하든 끈기가 대단한 편이지요.

반면에 너무 약하면 의지가 없고 지조가 부족하며, 사람들의 말에 삶 자체가 흔들리는 경향이 있는데, 여자인 경우에는 더욱 그 정도가 심합니다. 또한 직업이 안정되지 못하며 건강 역시 약하지요.

직업은 문학가나 연구원 등 분석적이고 정교한 면을 필요로 하는 쪽을 택하면 좋겠지요.

사주가 조화를 이루지 못하면 간이나 팔다리의 끝 부분에 이상이 있을 수 있습니다.

화(火) 일간 : 예(禮)

병화(丙火)

양화(陽火)라 태양이며, 정열적이고 다혈질인 성격입니다. 그리고 계수(빗물)와 더불어 십간 중 하늘에 존재하는 오행이다 보니, 남들을 굽어보려는 경향이 있지요.

오상의 예(禮)에 해당하므로 예의가 바르며, 또 추진력이 강하지만 다소 실수하는 경우도 있습니다.

또한 갑목과 비슷하게 나서는 경향이 있으나, 갑목처럼 남을 억누르려 하지는 않지요.

그리고 화려한 색을 좋아하며 사치 또한 즐기는 편이니, 절약 정신이 부족한 편이라 하겠습니다.

너무 기운이 강하면 열기가 넘치므로 오히려 무례해지기 쉽고, 반대로 너무 약하면 모든 일에 갈팡질팡하며 제대로 처신을 못하는 경우가 많습니다.

직업은 활동적이면서도 규칙에 엄격한 성격이므로 군인·경찰 등이 어울리고, 영업 분야에도 탁월한 소질이 있습니다. 또 국제 정치나 외교 분야에서 뛰어난 활약을 보이는 사람들도 많지요.

단지 병화인 사람은 어느 분야에서 일하든 사람들을 잘 리드하는 편이지만, 급한 성격 탓에 원망을 들을 수도 있으니 조심해야 합니다.

사주가 조화롭지 못하면 작은창자에 병이 생기기 쉬우며, 몸에 열이 많으므로 물을 자주 마시고, 수영이나 땀을 많이 흘릴 수 있는 운동을 하는 것이 좋습니다.

그리고 급한 성격이므로 혈압 관리에도 신경을 써야겠지요.

정화(丁火)

음화(陰火)이므로 촛불이나 달빛처럼 약한 불이지만, 용광로의 의미도 있습니다. 그래서 우리가 사주를 풀 때, '경금(철광석)'은 이 정화에 제련돼야만 비로소 그 쓰임새가 생긴다고 하지요

전형적인 외유내강(外柔內剛) 성격이며, 병화보다 더 예의를 중시하는 편입니다. 그리고 모든 일에 서두르지 않고 끈기 있게 대처하는 성격이지요.

기운이 너무 강하면 성격이 급한 데다 참을성이 부족하며, 오

히려 무례해지기도 합니다.

그리고 너무 약하면 강한 상대에게는 비굴하고 약한 상대는 내리누르려는 경향이 있으며, 작은 것을 탐하다가 정작 큰 것을 잃는 우(愚)를 범하기도 하지요.

직업은 앞에 나서는 일보다 곁에서 도와주는 일이 적성에 맞으며, 공예 미술에도 소질이 있습니다.

또 사주가 조화를 이루지 못하면 심장에 병이 올 수 있으며, 특히 기분에 따라 건강이 많이 좌우되는 편입니다.

토(土) 일간 : 신(信)

무토(戊土)

양토(陽土)이므로 산이나 둑을 뜻하며, 오상으로는 신(信)에 해당합니다.

믿음직스럽고 우직한 면이 있으며, 고집이 세고 보수적인 편이지요.

또 소유욕도 강하고 약속과 책임을 중시합니다. 아량과 포부를 바탕으로 큰일을 느긋하게 이루어 가는 모습은, 우리가 흔히 쓰는 '은근과 끈기'라는 표현에 딱 들어맞는 타입이지요.

하지만 워낙 큰일을 좇다 보니 잔일에는 너무 무심하다는 원망을 듣기도 합니다.

기운이 너무 강하면 자기 중심적이며, 답답할 정도로 융통성이 부족합니다.

그리고 너무 약하면 오히려 믿음을 저버리게 되어, 이른바 '이중 인격자'의 모습을 보이기도 하지요.

직업은 운동 선수나 군인 · 외교관 · 무역업자 · 대기업 관리직 등 통 큰 일에 적성이 맞습니다.

또 사주가 조화롭지 못하면 위에 병이 생기기 쉽습니다.

기토(己土)

음토(陰土)이므로 마당이나 텃밭 같은 작은 땅을 뜻합니다. 따라서 무토에 비해 소극적이고 방어적이지요.

역시 믿음을 중시하는 면은 무토와 같으며, 십간 중에서 가장 정이 깊은 오행입니다.

하지만 '다정도 병인 양하여……'란 말도 있듯이, 다정다감한 것도 너무 지나치면 살아가는 데 어려움이 많이 따르겠지요.

그리고 내가 베푸는 만큼 남들이 알아주지 못하다 보니 대인 관계가 그다지 좋지는 않습니다.

기운이 너무 강하면 질투에 사로잡히거나 남을 의심하는 버릇이 생길 수 있습니다.

또 너무 약하면 다른 사람들의 말이나 주위 환경에 놀아날 우려가 있지요.

직업은 종교인이나 공무원·관리직 등 복잡하지 않고 안정된 일이 좋습니다. 그리고 투자는 실패가 염려되니 삼가는 편이 좋겠지요.

사주가 조화를 잃으면 위나 비장에 병이 오거나 잇몸 질환, 염증 등에 시달리기 쉽습니다.

금(金) 일간 : 의(義)

경금(庚金)

양금(陽金)이므로 철광석이나 바위 등 가공되지 않은 광물 덩어리를 뜻하며, 오상으로는 의(義)에 해당합니다.

주위에 잘못된 것이 있으면 그냥 두고 보지를 못하며, 강한 사람에게는 강하고 약한 사람에게는 약한 면이 있지요.

또 워낙 강직하고 고집이 세서 타협을 모르며, 자기 중심적이고 때로는 난폭해지기도 합니다.

그리고 앞서 '정화' 편에서도 잠시 이야기했듯이 경금 그 자체는 하나의 광물 덩어리에 지나지 않기 때문에, 경금이 일간인 사람은 자기 자신을 끊임없이 단련하는 데 게으르지 않아야 합니다.

모질게 정을 맞고 불에 달궈지는 과정을 거쳐야만, 비로소 빛나는 보석이나 편리한 도구로 가공되어 참된 가치를 드러낼 수 있기 때문이지요.

기운이 너무 강하면 제어가 되지 않아서 폭력적일 수 있으며, 때로는 잔인한 면을 드러내기도 합니다.

또 너무 약하면 오히려 의리를 저버리는 경우가 많으며, 정서가 불안정해지기도 하지요.

혁명가들 중에 경금 일간인 사람들이 많으며, 경찰·검찰·군인 등 명예를 중시하는 직업이나 전통을 지켜 가는 직업이 적성에 맞습니다.

사업은 글쎄요……, 어떤 분야인가에 따라 다르겠지만 별로 권하고 싶지 않군요.

건강은 뼈대가 굵고 강한 반면에 한번 부러지면 잘 붙지 않으며, 사주가 조화를 이루지 못하면 큰창자에 병이 생길 수 있습니다.

신금(辛金)

음금(陰金)이므로 보석 등 가공된 광물이나 조약돌 등을 뜻합니다. 따라서 미남·미녀가 많은 편이지요.

역시 의리를 중시하고, 경금에 비해 실리적이며 잠재력도 더 뛰어난 편입니다.

또 '매울 신(辛)'자가 의미하듯이 조용한 듯하면서도 의외로 독한 면이 있는데, 이 경우에 '여자가 한을 품으면 오뉴월에도 서리가 내린다'라는 속담과 통한다고 하겠습니다. '정화'와 같이 '외유내강'의 전형이지요.

기운이 너무 강하면 옹고집이 지나쳐 외로운 삶을 살게 되며, 반대로 너무 약하면 오히려 남을 배신하거나 위선적인 행동을 함으로써 손가락질을 받게 되는 경우가 많습니다.

직업으로는 과학자나 진보적인 사상가·정치가·혁명가 등이 어울리며, 여자의 경우에는 간호사도 많이 볼 수 있습니다.

또 경금과는 달리, 독한 승부욕이 있어서 사업가로 성공하는 경우도 많지요.

건강은 기가 허약한 편이면서도 강단이 있으며, 사주가 조화롭지 못하면 폐에 병이 생길 수 있습니다.

수(水) 일간 : 지(智)

임수(壬水)

양수(陽水)라 큰 바다를 뜻하며, 오상으로는 지(智)에 해당합니다.

두뇌 회전이 빠르고 모든 일에 적극적으로 관심을 나타내며, 어떤 상황에 놓이더라도 유연하게 잘 대처해 나갑니다.

또 눈치가 빠르고 순간적인 판단력이 뛰어난 사람이니, 한마디로 융통성 그 자체지요.

하지만 자기 연민이 강한 나머지, 자칫하면 혼자만의 세계에 젖어 허우적거릴 수도 있습니다. 임수란 망망대해에 빠져서 말이지요.

다른 기둥에 '정화'가 있어서 간합(干合)을 이루게 되면, 수치심도 모를 정도로 성적으로 음란한 경우가 종종 있습니다.

또 기운이 너무 약하면 정신적으로 몹시 불안정한 상태라, 변덕이 죽 끓듯 하는 사람이기 쉽지요.

직업은 사람들을 많이 만나는 일이 적합한데, 영업이나 무역업 · 유통업 · 소개업 · 컨설팅 · 투자 상담업 등 변화가 많고 그때그때 순발력을 필요로 하는 일에 소질이 있습니다. 한편으로는 역마기가 있어서 국제적인 업무에도 능하지요.

또 처세술이나 화술도 뛰어난 편이지만, 신중하지 못한 성격 탓에 때로는 일을 그르치기도 합니다.

늘 바쁘게 움직여야 건강을 유지할 수 있으며, 사주가 조화를 이루지 못하면 방광 · 요도 등 생식기나 뇌에 병이 올 수 있습니다. 그리고 성병도 항상 조심을……

계수(癸水)

음수(陰水)라 냇물이나 고인 물, 또는 빗물을 뜻합니다.

역시 오상이 지(智)에 해당하는지라 두뇌 회전이 빠른데, 임수보다 잔꾀가 더 발달한 편입니다.

그리고 자기 자신은 잘 내보이지 않으면서 다른 사람들에 대해서는 속속들이 알고 싶어하므로, 이해심이 많은 한편 남들을 이용하려는 면도 있지요.

기운이 너무 강하면 그만큼 욕심도 많아져서 사람들을 지나치게 이용할 우려가 있습니다. 남의 약점을 캐서 협박하는 등 범죄자가 될 수도 있으니 조심해야지요.

참고로 한 기둥이 계사(癸巳)일 경우, 앞서 배운 것처럼 사(巳)의 지장간이 '무(戊)·경(庚)·병(丙)'이므로 계(癸) 일간에 대해 각각 정관·인수·정재가 됩니다.

흔히 정관·인수·정재를 삼길신(三吉神)이라 하여 대표적으로 좋은 육신으로 치므로, 계사를 천간·지지의 이상적인 조합으로 말하기도 합니다.

직업은 공무원·교사·사무원 등 안정적이고 일상적인 일을 택하는 게 좋습니다. 특히 일간이 강한 사람은 잔꾀의 유혹이 있을 만한 직업은 멀리하는 게 바람직하겠지요.

건강은 식중독을 끼고 살 수 있으니 늘 음식 조심을 해야 하며, 바이러스 · 곰팡이 등에 감염될 우려가 있으므로 몸을 깨끗이 해야 합니다.

그리고 몸이 찬 편이고 염증이 생기기 쉬운 체질인데, 사주가 조화를 잃으면 신장에 병이 생기기 쉽습니다.

7

●

아이 공부, 이렇게 시키세요
격국(格局)에 따른 공부 방법

아이 공부 얘기를 하려니까 예전에 대입 학원에서 국어 강사 생활을 할 때가 생각나는군요. 그때에 상담실장도 겸하고 있었는데, 학부모들이 자기 아이에 대해서 몰라도 너무 모른다고 느꼈던 감정이 지금도 생생합니다.

진학 상담을 하러 오신 학부모들과 몇 마디 나누다 보면 거의 이런 말씀이 뒤따릅니다.

"우리 애가 머리는 좋은데 당최 노력을 안 해서 큰일이에요……."

그리고 아이의 적성과 전혀 상관없이 법대, 상대, 의대 타령(?)만 하시니, 정말 곤혹스럽기 짝이 없었지요.

우리가 아이를 키우는 데 있어서 가장 중요한 것은, 먼저 자기 아이에 대해서 정확히 알아야 한다는 것입니다. 그래야 국민 교육 현장에 나오듯이, '저마다 소질을 계발하여' 세상 속에 당당히 자리매김할 수 있게끔 도와줄 수 있겠지요.

그런데 현실은 어떻습니까?

공부를 시킬 때에 부모의 취향대로, 아니며 주위의 충고에 따라 강요하는 식의 교육에서 크게 벗어나지 못하는 경우가 대부분이지요?

그러니 지금부터라도 내 아이에게 맞는 공부 방법을 찾아 주어야 합니다. 뿐만 아니라 아이의 적성에 맞는 일을 목표로 삼을 수 있도록 이끌어 주어야 하지요.

같은 사주를 타고난 아이라 할지라도, 부모의 관심과 올바른 지도에 힘입어 자란 아이와 그렇지 못한 아이는 결과적으로 커다란 차이를 보이는 게 현실이니까요.

머리말에서도 얘기했듯이, 공부를 시키는 데 있어서도 활달하고 나서기 좋아하는 아이는 경쟁 상대가 있는 학원 수업이 알맞을 것입니다. 그리고 수줍음 많고 내성적인 아이는 가정교사와 일 대 일로 공부하는 식이 더 바람직할 테지요.

또 고집이 센 아이에게 무조건 강요하는 식의 교육을 시키면 오히려 벗나가는 결과를 가져올 것이고, 줏대 없이 갈팡질팡하는 아이를 그대로 방치(放置)해 둔다면 뒤로 처지다 못해 널브러지고 말 것입니다.

또한 문학을 꿈꾸는 아이에게 운동을 시키려 한다면? 그 반대인 경우에는? 둘 다 아이에게는 말 그대로 지옥이겠지요.

그러면 과연 어떻게 해야 내 아이의 성격과 적성을 정확히 알 수 있을까요?

우선 아이에 대한 사랑과 관심을 게을리 하지 말아야겠지요. 어떤 편견이나 욕심 없이 마음의 눈으로 지켜보면서 말입니다.

그리고 기왕에 배운 명리학도 이때에 활용할 수 있습니다. 바로 아이의 '격국'을 살펴서 그 아이의 성격과 소질 등을 진단해 보는 방법이지요. 격국이란 한 사람 사주에 있어서 가장 강한 기운을 나타내는 것이므로, 그 사람의 성격 · 적성 · 알맞은 직업 등을 알려 주는 '바로미터(barometer)' 같은 것이니까요.

따라서 지금부터 아이의 성격에 따른 공부 방법을, '십정격(十正格)'을 기준으로 열 가지로 나누어 살펴보도록 하겠습니다.

물론 일간의 강약에 따라 차이가 있으므로, 이 점을 참작하여 판단하셔야겠지요.

그리고 아이의 대학 진학 운을 알고 싶으시면, 대개 그 아이의 두 번째 대운이 희신(喜神)인지 기신(忌神)인지를 살피시면 됩니다.

예를 들어 아이의 대운수가 4라면, 두 번째 대운이 14세에서 23세까지이므로 학창 시절에 해당하기 때문이지요.

식신격 (食神格)

식신격이거나 사주에 식신이 왕성한 아이는 보통 공부를 열심히 하는 편입니다. 그리고 친구들과 어울리기를 좋아하며, 성격이 솔직 담백하고 말솜씨도 뛰어나지요.

또 감수성이 발달하여 사소한 일에도 감동하는 일이 잦으며, 그러다 보니 문학에 관심이 많습니다. 물론 예술적 감각도 뛰어난 편이지요.

반면에 분석적·논리적인 면은 다소 떨어지며, 숫자에 대한 감각이나 계산력도 조금 모자란 듯합니다.

또한 너무 감정에 치우치거나 자주 친구들과 어울리다 보면 공부에 소홀해질 수 있으므로 적당한 통제가 필요하지만, 지나치면 타고난 장점인 사회성과 친화력이 무뎌질 수 있으므로 조심해야겠지요.

상관격 (傷官格)

상관격이거나 사주에 상관이 왕성한 아이는 상당히 창조적인 성격입니다. 그리고 논리적이고 분석적이며, 반항심이 매우 강하다는 것 또한 빼놓을 수 없는 특징이지요.

또 승부욕이 강하여 '사소한 데 목숨 거는(?)' 일도 왕왕 있을 수 있습니다.

자존심 또한 하늘을 찔러, 자기가 최고라는 생각에 남들을 무시하다 보니 주위와 마찰을 빚는 경우가 자주 생기기도 하지요.

따라서 상관격 아이에게는 서로를 존중하며 '더불어 사는 법'

을 가르칠 필요가 있는데, 너무 강요하는 식이 되어서는 오히려 빗나갈 수 있으므로 대화로 차근차근 이해시켜야 합니다. 종교를 갖게 하는 것도 한 가지 방법이겠지요.

편재격(偏財格)

편재격이거나 편재가 강한 사주를 지닌 아이의 특징은 새로운 것에 대한 관심이 유별나고, 모험심이 강하다는 것입니다. 그리고 꾸준히 한 가지 일에만 몰두하지 못하는 성격이라, 공부를 해도 시간이 많이 걸리는 경우에는 견디지를 못하지요. 그런 만큼 장기 레이스인 고시 공부나 연구 활동 같은 것은 별로 권하고 싶지 않습니다.

또 공부하는 방법도 반복적으로 주입시키는 것보다는 아이 스타일에 맡기는 것이 좋습니다. 천성이 변화를 좋아하기 때문이지요.

또한 어려서부터 돈에 대한 집착이 강하며(그렇다고 구두쇠라는 말은 아닙니다. 오히려 기분파에 가깝지요), 특이한 분야에서 아이디어를 얻어 잘 활용하는 편입니다.

정재격 (正財格)

정재격이거나 정재가 강한 사주를 지닌 아이의 특징은 안정적이고 다소 고지식하다는 것입니다. 그리고 책임감이 강하여 공부 역시 꾸준히 해 나가는 타입이지요. 따라서 이른바 '벼락치기 공부'하고는 거리가 멉니다.

또 대개 모범생이며 꾸준히 복습하는 성격이라, 처음엔 그다지 뛰어나지 않더라도 차츰차츰 실력을 쌓아 가 '최후에 웃는 자'가 되는 경우가 많습니다.

따라서 약간의 성취라도 있었을 때, 그때마다 곁에서 따뜻하게 격려해 주면 큰 힘이 되겠지요.

편관격 (偏官格)

편관격이거나 편관이 왕성한 사주를 지닌 아이의 특징은 다분히 논리적이며, 분석적이기도 합니다. 그리고 활동적인 데다가 얼마간 거친 성격이라, 어릴 적에 많은 관심과 사랑을 필요로 하지요. 극단적으로 얘기하자면, 검찰이나 경찰이 되느냐 조직 폭력배가 되느냐의 갈림길이 될 수 있으니까요.

주위와의 관계에 충실한 성격이므로, 아이를 억압하고 통제하기보다는 믿음과 사랑으로 감싸 주면 크게 걱정하지 않아도 될 것입니다. 역시 종교를 갖게 하는 것도 좋은 교육 방법이고요.

정관격 (正官格)

정관격이거나 사주에 정관이 강한 아이는 학교 생활에 충실하며, 공부도 열심히 하는 편입니다. 다만 요령이 좀 부족하여 끈기만으로 버티기 때문에, 짧은 기간 동안에 큰 성취를 이루어 내기는 힘들겠지요.

능력이나 성격이 두루두루 무난하지만 창조력이 좀 떨어지는 편이므로, '학습 요령'이라든가 '요점과 급소' 등을 주위에서 지도해 주면 훨씬 빠른 성장을 이룰 수 있습니다.

편인격 (偏印格)

편인격이나 편인이 왕성한 사주를 지닌 아이의 특징은 한마디로 '양날을 가진 검(劍)'이라고 할 수 있습니다. 능력이 뛰어난 반면에 잘못되기도 쉽다는 말이지요.

이런 아이는 창조적이고 요령이 뛰어나며, 모든 면에서 이해가 빠릅니다. 그런데 이해가 너무 빠르다 보니 '과유불급(過猶不及)'이라고나 할까요? 별다른 노력 없이 얻어지는 게 쌓이면서 그만큼 게을러지기 십상이지요.

주위를 보면 초등학교나 중학교에서는 별로 노력하는 것 같지도 않은데 부러울 정도로 공부를 잘하다가, 위로 올라갈수록 성적이 점점 떨어지는 아이들이 있습니다. 바로 편인격의 전형(典

型)이지요.

그러므로 끈기 있게 노력하게끔 이끌어 주기만 한다면, 하루 하루 성장하는 게 눈에 보일 정도로 커 나갈 것입니다. 성적은 말 할 것도 없고요.

다시 말해서 편인격인 아이는 모든 면에서 뛰어날 수 있는데 자유 분방하고 게으른 천성이 커다란 걸림돌이 되므로, 게다가 싫 증을 잘 내고 반복적인 일을 병적으로 싫어하므로, 이런 단점들만 잘 바로잡아 주면 훌륭한 인재가 될 것입니다.

참! 치열함과 열정이 모자라는 편인격 아이에게 들려주고 싶 은 시가 하나 있군요. 안도현님의, '너에게 묻는다'란 시입니다.

연탄재 함부로 발로 차지 마라
너는
누구에게 한 번이라도 뜨거운 사람이었느냐.

인수격 (印綬格)

인수격이거나 사주에 인수가 왕성한 아이는 숫자에 대한 감 각이 뛰어나고, 시험을 볼 때에도 실수가 거의 없는 편입니다. 게 다가 누가 시키지 않아도 스스로 알아서 공부하는 타입이지요.

다만 모든 일에 지나치게 진지한 면이 있으나, 자기 처신을 잘하므로 크게 걱정할 일은 아닙니다.

또 '측은지심(惻隱之心)'이 강하여 주위에 불쌍한 친구가 있으면 지나치게 마음을 끓이는 편이지만, 그만큼 고운 마음을 지녔음이니 역시 걱정할 일은 아닙니다(현실 감각도 보통 이상이므로 남에게 정도 이상 이용당하는 일은 거의 없지요).

건록격(建祿格)

건록격이거나 사주에 비견이 왕성한 아이는 일간의 강약에 따라 많은 차이를 보입니다.

먼저 일간이 너무 강한 아이는 고집이 못 말릴 정도이므로, 너무 강요만 하다 보면 집안에 바람 잘 날이 없을 정도로 충돌이 잦게 됩니다. 또한 타고난 고집을 너무 꺾어 버리면 아이가 우울증에 빠질 염려가 있으므로, 강압적으로 내리누르는 대신 아이의 충동을 바람직한 방향으로 잘 유도해 주는 게 좋겠지요.

그리고 자기만의 세계가 확고한 아이이므로, 일찍부터 자기 행동에 책임지는 습관을 길러 주는 게 필요합니다. 왜냐하면 너무 고집이 센 아이를 오냐오냐하면서 받아 주기만 해서는 고집만 더 키워 줄 뿐 아니라, 점점 교만해져서 안하무인(眼下無人)이 되기 십상이기 때문이지요.

따라서 어려서부터 자기 행동에 책임을 지게 함으로써, 잘잘못에 대한 안목을 키워 가게끔 해 주어야 합니다.

반대로 일간이 약한 아이는 자신감이 부족하여 두려움으로 세상을 대하기 쉬우므로, 먼저 자기 자신을 믿는 마음부터 키워 주어야 합니다. 그러기 위해서는 단체 생활 등을 통해 자기 몫을 책임지는 훈련이 필요하겠지요

그렇지 않고 쫓아다니면서 일일이 챙겨 주기만 해서는 응석받이로 자라게 되어, 남자인 경우에는 이른바 '마마보이(mama-boy)'가 되기 십상입니다.

"엄마, 색시가 옷을 홀딱 벗고서 뽀뽀하자는데 해도 돼?"

신혼여행 떠난 아들한테서 한밤중에 이런 전화 안 받으시려면 강하게 키워야지요. 하하.

그리고 잘못된 행동을 했을 때라도 지나치게 꾸짖으면 심약한 탓에 마음의 상처가 트라우마(trauma, 외상 후 스트레스 장애)로 남기 쉬우므로, 완급(緩急)을 조절하여 적당히 나무라야 합니다.

양인격(羊刃格)

양인격이거나 겁재가 왕성한 사주를 지닌 아이는 지나치리만큼 승부욕이 강한 면을 보이기 쉽습니다. 게다가 겁 없이 저돌적으로 부딪쳐 가는 성격이라, 어려서부터 다툼이 끊일 새 없을 정도지요.

그리고 워낙 지기 싫어하는 탓에 뒤끝 또한 만만치 않아서, 미움이나 앙갚음하고자 하는 마음을 오랫동안 지니기 십상입니

다. 그러다 보면 자연히 감정이 메마르게 되고, 때로는 무자비하게 복수를 꾀하기도 하지요.

따라서 거친 심성을 잘 다독여서 순화시켜 주어야 하는데, 예술 쪽의 취미를 갖게 하거나 어려서부터 종교 생활에 젖어 들게끔 하면 좋을 것입니다. 그리고 범죄 행위에 대한 경계심을 키워 주는 것도 필요한 일이고요(그러나 협박하는 식이 되어서는 결코 안 됩니다).

대개 운동을 좋아하므로 운동 선수로 키우는 것도 바람직한 방법이며, 자기 자신을 잘 추스를 수 있게 되면 오히려 살아가면서 큰일을 해낼 수 있는 재목(材木)이 될 것입니다.

8

●

명리의 탈을 쓴 미신

당사주(唐四柱)

당사주는 당나라(618년~907년) 사주라는 뜻입니다.

연월일시 네 기둥의 천간 · 지지 여덟 글자 중에서 지지 네 글자만으로 판단하는 방법으로, 아주 초보적이라 할 수 있겠지요.

사람의 운명을 초년 운 · 중년 운 · 말년 운으로 나누고, 이를 다시 합하여 총운으로 풀이하는 방식입니다.

한마디로 타로나 별자리에 따른 운세처럼 재미 삼아 풀어 보는 수준이며, 정통 명리학과는 거리가 먼, 한 사람의 운명을 판별하기에는 턱없이 부족한 방법이지요.

토정비결(土亭秘訣)

일 년 열두 달의 신수를 보는 책으로, 주역의 괘(卦)를 이용하였습니다.

하지만 주역과는 많은 차이가 있는데, 주역이 64괘인 데 비해 토정비결은 48괘며, 괘상 또한 주역이 424개인데 토정비결은 144괘뿐입니다.

또 괘를 만드는 방법에 있어서도 토정비결에서는 연월일시 중 생시가 제외되지요.

내용은 4언 시구(四言詩句)로 이루어져 있으며, 그 밑에 한 줄로 번역되어 읽기 쉽게 구성되어 있습니다. 또 다른 술서(術書)와 마찬가지로 비유와 상징이 많이 나타나지요.

토정 이지함(1517년~1578년)이 엮은 것으로 알려져 있으나, 그 내용이 토정 선생의 학식에 비하여 너무 조악하고 책 속에 나오는 지명이 거의 중국 것인 사실로 보아, 그의 저술이 아니라는 설도 심심찮게 불거지고 있습니다.

역시 정통 명리학과는 거리가 먼 책으로, 심심풀이 이상은 아니라고 하겠습니다.

띠

당사주가 미친 악영향 중 하나가 이 띠의 관계로 사람 사이를 판단하는 오류입니다.

띠는 사람이 태어난 해를 말함인데, 사주팔자 여덟 글자 중 달랑 연지 한 글자만 가지고 인간관계를 살핀다는 건 한마디로 유치한 난센스지요.

예를 들면 이런 식입니다.

"토끼띠와 닭띠는 해로하기 힘들다."

"호랑이띠와 말띠는 찰떡 궁합이다."

앞에서 배운 바와 같이 첫 번째는 명리학에서 말하는 '묘유충(卯酉沖)'을 끌어다 붙인 것이고, 두 번째는 '간합(干合)'을 말함이지요.

제가 아는 어떤 분은 위에서 말한 '충' 때문에 사랑하는 여자와 헤어지고(부모님의 극렬한 반대로), 마흔이 넘도록 아직도 헤어진 여자를 그리며 혼자 살고 있습니다. 어이없는 비극이지요.

다시 말하지만, 명리학은 연월일시 네 기둥에 있는 '여덟 글자'의 상관관계로 풀이하는 학문입니다.

미신에 현혹되어 일생을 그르치는 일은, 정말이지 더 이상은 없으면 좋겠습니다.

부적(符籍)

신부(神符)라고도 하는 부적은 원래 천 년 묵은 괴황지에 참새가 흘린 코피로 쓰는 것인데, 이는 현실적으로 불가능한 일이지요.

그래서 대안으로 나온 방법이, 닥나무 종이에 경면주사와 참기름을 섞은 물감으로 쓰는 것입니다.

그런데 여기서 꼭 지켜야 할 일은, 이해 당사자인 본인이 직접 써야 한다는 것입니다. 비록 목욕재계는 않더라도, 갑자시(甲子時)까지 기다리지는 않더라도 말입니다.

제가 사무실을 열고 있었을 때, 가끔 이런 전화를 받았습니다.

"거기 철학관이죠? 부적 필요하면 사시라고 전화 드렸습니다."

"네?"

"부적 말이에요. 인쇄한 건 2천 원씩이고, 직접 쓴 건 만 원짜리부터 있는데요……."

이렇게 부적을 사서 피상담자의 주머니 사정을 봐 가며, 만 원짜리 부적을 몇 십만 원에서 몇 백만 원까지 뜯어내는 작태라니…….

물론 그래서 효과를 볼 수도 있겠습니다만 그것은 피상담자 본인의 믿음에서 비롯된 것이지, 결코 부적 자체의 효험은 아닐 것입니다. 이런 걸 '플라시보 효과(placebo effect, 위약 효과)'라고 하지요.

삼재(三災)

삼재란 세 가지 재앙을 말하는 것으로 도병재(刀兵災)·역려재(疫癘災)·기근재(饑饉災)를 일컫는 말입니다.

여기서 도병재는 무기에 의한 재난을 말하며, 역려재는 전염병이나 질병에 의한 재난을, 기근재는 굶주림에 의한 재난을 말합니다.

그런데 역려재는 몰라도 도병재나 기근재는 옛날처럼 전쟁이 잦고 호구지책에 연연할 때라면 모를까, 지금은 살아가면서 실감하기가 쉽지 않지요.

삼재는 삼 년 동안 작용하는데 들어오는 해를 들삼재, 중간 해를 눌삼재, 나가는 해를 날삼재라고 합니다.

워낙 미신에 가까우니 따지는 법은 생략하지요.

아홉수

"아홉수라 그런지 요샌 되는 일이 하나도 없어……."

살아가면서 흔히 듣게 되는 말입니다.

사실 아무런 근거도 없는 미신에 불과한 개념인데, 어쩌면 그리도 많은 사람들 머릿속에 깊이 뿌리내렸는지요?

앞에서 공부했듯이, 매 십 년마다 운이 바뀌는 대운수는 사람마다 다 다르잖아요? 1대운에서 순(10)대운까지 열 가지 경우의 수가 있는데, 개중에 9대운인 사람은 열 명 중 한 명꼴이지요.

십 년마다 운이 바뀌고 삼십 년마다 절기가 바뀜으로써 새로운 기운을 접한 탓에 안 좋은 일이 있을 수 있지만, 그 숫자는 사람마다 다 다르다는 말입니다.

다시 말해서 군이 '아홉수'의 개념을 빌린다면 '하나수 · 둘수 · 셋수……', 이렇게 열 가지 '수'가 나오겠지요.

백말띠

백말띠란 개념은 일본에서 비롯되었습니다. 그것도 일본 정통 추명학(推命學)이 아닌, 일본식 당사주류의 이론인 것이지요.

그 이론에 따르면 육십 년마다 오는 말띠를 백말띠라 하는데, 유독 거칠고 드센 기질을 타고 태어나므로 여자는 피해야 한다는 것입니다.

이러한 낭설이 일제 강점기를 거치면서 우리나라에 널리 퍼진 탓에, 아직도 '백말띠가 어떠니' 하는 말들이 나돌고 있는 것이지요.

특히 1966년(병오년)에 태어난 사람들을 백말띠라고들 하는데, 오행으로 보아도 맞지 않는 말입니다(병오면 붉은 말, 경오가 흰말이지요).

두말할 필요도 없이 미신일 뿐입니다.

여자 사주에 대한 편견

우리가 사주를 감정하러 갔을 때, 여자 사주의 일간이 양(陽)이면 고개를 절레절레 젓고서 풀이를 시작하는 역술인들을 가끔 봅니다. 한마디로 팔자가 드세다는 거지요.

도대체 한심한 것이, 우선 일간의 음양으로는 성격의 강약을 판단할 수 없을 뿐 아니라(일간의 강약으로 판단해야 합니다), 성격이란 게 격국에 의해 정해지는 것이므로 코미디도 이런 코미디가 없겠지요.

그리고 여자 장군이 나오고 경찰서장이 나오는 세상에, 여자의 성격이 강하다고 해서 뭐가 어떻다는 겁니까? 이는 다분히 남자 위주의 질서를 강조하던 유교의 병폐일 뿐이지요.

지금은 맞벌이를 하지 않으면 아이들 교육시키기도 힘들다는 세상입니다. 따라서 성격이 강하다는 것은 곧 주관이 뚜렷하고 세파를 헤쳐 나가는 힘 또한 강하다는 말일진대, 이리저리 휘둘리며 우왕좌왕하는 것보다는 백 번 낫겠지요.

운명을 풀이하는 것도 시대에 따라 달라져야 합니다. 현대를 살아가는 사람의 운명을 놓고 조선 시대식 풀이라니, 원…….

9

●

심중(心中)의 말 한마디
운명이란 극복할 수 있는 그 무엇

이제 명리학 전반에 대해서 기초 지식과 풀이 과정까지 얼추 살펴본 것 같군요.

그런데 제 경험에 비추어 볼 때, 명리학에 어느 정도 눈을 떴다 싶으면 보는 사람마다 붙잡고 생년월일 대 보라고 성화를 부리게 됩니다(저뿐 아니라 다른 분들도 거의 그렇더군요). 물론 좋지요, 임상 경험은 많을수록 좋으니까요.

그런데 문제는, 본의는 아니겠지만 설익은 지식으로 남에게 상처를 주는 일이 왕왕 있다는 것입니다.

특히 평소에 잘 아는 사람들은 뭔가 반신반의하는 분위기라 제대로 공부했다는 걸, 정말 그만한 실력이 된다는 걸 보여 주려다 보니 자연히 목소리가 커지게 되고, 그러다 보면 강조가 지나쳐 단정적으로 과장하게 마련이지요.

그런데 여러 번 강조했지만, 명리학은 결코 쉽지 않은 '평생공부'입니다.

그러므로 어쩌다 어떤 분의 사주를 봐 주게 되었을 때에는 아는 한도 안에서 겸손하게, 좋은 점은 추어주고 그렇지 못한 점은 조심하게끔 주의를 환기시켜 주는 멘토(mentor)가 되어야 합니다 (이 점은 전문 역술인들도 마찬가지입니다).

실력도 실력이지만, 사주란 게 100% 맞는 것이 아니기 때문이지요. 또 상담의 본질도 상대에게 도움을 주기 위한 것이니까요.

제가 아는 분의 사주를 한번 볼까요?

시	일	월	연
己	庚	甲	丁
卯	申	辰	酉

64	54	44	34	24	14	4
丁	戊	己	庚	辛	壬	癸
酉	戌	亥	子	丑	寅	卯

이 사주를 보면 '경금'이 봄에 태어났습니다. 그런데 봄이라도 3월 진토다 보니 토생금으로 '득령'을 했지요.

그리고 일지가 같은 양금(陽金)이니 '득지'고, 비겁이 둘이고 인성도 둘이므로 '득세'까지 갖췄습니다.

한마디로 옹고집으로 똘똘 뭉친, '신강 사주'의 전형이지요. 따라서 억부로 보면 비겁이나 인성은 피해야 할 '기신'이 됩니다. 그리고 조후로는 동남방이 '희신'이 되지요.

게다가 일주가 '간여지동'이라 부부 사이에 백년해로가 어렵다는 사주고, 일지와 시지가 '묘·신' 원진이네요(자식과 사이가 안 좋을 수 있는 사주지요).

대운의 흐름도 24세부터 48세까지는 시쳇말로 '죽어라, 죽어라' 하는 때고요(한 사람의 삶에서 가장 중요한 때지요).

그런데 결론부터 얘기하자면, 이분은 지금까지 온 가족이 화목하게 알콩달콩 잘 살고 있습니다. 물론 사업도 큰 굴곡 없이 번창해 왔고요(사실 사업 자체가 안 맞는 사주입니다).

제가 상담을 할 때에 친한 분의 소개를 받아 손님으로 오셨던 분인데, 제가 하는 얘기마다 핀트가 어긋나다 보니 나중에는 그냥 서로가 허허 웃고 말았던 기억이 지금도 새롭습니다. 그 무안했던 기억까지 함께 말이지요.

그래서 제가 소주나 한잔하자고 청했습니다. 마침 퇴근할 때도 됐고, 하도 안 맞는 게 차라리 궁금하기도 해서 그랬지요.

소주가 세 병 정도 비어갈 때쯤 그분이 제 초대에 응한 이유를 말씀하시더군요. 한마디로 제 말이 맞기도 하고 틀리기도 하다는 거였습니다.

제가 말한, 운의 흐름에 따른 굴곡은 비슷한데 그때마다 신앙의 힘을 빌려 온 가족이 서로 노력했다는 것이지요(이분은 독실한 천주교 신자입니다).

그렇습니다. 사주 풀이는 타고난 성품에 따른 해석일 뿐, 이른바 '거듭난' 분에게는 그 작용력이 '찻잔 속의 태풍' 정도로 그치고 말지요.

그러니 사주나 운이 좋다고 기고만장할 것도, 나쁘다고 절망할 것도 결코 아닙니다.

다만 운이 닿으면 좀더 열심히 노력하고, 그렇지 않으면 신중하게 까치발로 한 걸음 한 걸음 어려움을 헤쳐 나가면 되겠지요.

뭔가 어려움에 맞닥뜨렸을 때, 가슴을 활짝 펴고 목청껏 이렇게 외치십시오.

"운명아, 비켜라. 내가 간다!"

암만 쉽게 푼다고 했지만, 만만찮은 학문이라 어려움이 많았을 텐데 여기까지 좇아오시느라 수고들 많으셨습니다.

부록

四柱命理

나이별 · 남녀별 날 잡는 법

우리는 결혼을 하거나 이사를 할 때, 또 사업을 시작할 때에는 보통 특별한 날을 고릅니다(날 잡으러 철학관에도 많이들 가시지요). 이른바 '길일(吉日)'을 따져 보는 게지요.

이런 날을 '생기 복덕일(生氣福德日)'이라고 하는데, 남녀별 · 나이별로 다르므로 표로 정리해 보았습니다.

단, 자기 자신의 일진(日辰)도 함께 보아야 좀더 정확한 판단을 할 수 있겠지요. 일진 보는 법은 뒤에 나오는 '신수(身數)' 편에 설명해 놓았습니다.

표에 나오는 용어들을 길흉(吉凶)으로 나누어 설명하면 다음과 같습니다.

남녀/나이		생기일 길	천의일 길	절체일 평	유혼일 평	화해일 흉	복덕일 길	절명일 흉	귀혼일 흉
남	2 10 18 26 34 42 50 58 66 74 82	戌亥	午	丑寅	辰巳	子	未申	卯	酉
녀	10 19 26 34 42 50 58 66 74 82 90								
남	3 11 19 27 35 43 51 59 67 75 83	酉	卯	未申	子	辰巳	丑寅	午	戌亥
녀	9 17 25 33 41 49 57 65 73 81 87								
남	4 12 20 28 36 44 52 60 68 76 84	辰巳	丑寅	午	戌亥	酉	卯	未申	子
녀	8 16 24 32 40 48 56 64 72 80 88								
남	5 13 21 29 37 45 53 61 69 77 85	未申	子	酉	卯	午	戌亥	辰巳	丑寅
녀	15 23 31 39 47 55 63 71 79 87								
남	6 14 22 30 38 46 54 62 70 78 86	午	戌亥	辰巳	丑寅	未申	子	酉	卯
녀	7 14 22 30 38 46 54 62 70 78 86								
남	7 15 23 31 39 47 55 63 71 79 87	子	未申	卯	酉	戌亥	午	丑寅	辰巳
녀	6 13 21 29 37 45 53 61 69 77 85								
남	8 16 24 32 40 48 56 64 72 80 88	卯	酉	子	未申	丑寅	辰巳	戌亥	午
녀	5 12 20 28 36 44 52 60 68 76 84								
남	9 17 25 33 41 49 57 65 73 81 89	丑寅	辰巳	戌亥	午	卯	酉	子	未申
녀	4 11 19 27 35 43 51 59 67 75 83								

- 이로운 날

복덕일(福德日), 생기일(生氣日), 천의일(天宜日)

- 평범한 날

유혼일(遊魂日), 절체일(絶體日)

- 해로운 날

귀혼일(歸魂日), 절명일(絶命日), 화해일(禍害日)

나이별 · 남녀별 이주 방향

집이나 사무실 등을 옮길 때에도 남녀별 · 나이별로 이로운 방향과 해로운 방향이 있습니다. 우선 표를 먼저 보도록 하지요.

표에 나오는 용어들을 역시 길흉(吉凶)으로 나누어 설명하면 다음과 같습니다.

● 이로운 방향

관인방(官印方) - 직업을 얻거나 승진하는 방향입니다.
식신방(食神方) - 의식(衣食)이 풍족해지는 방향입니다.
천록방(天祿方) - 승진하거나 봉급이 오르는 방향입니다.
합식방(合食方) - 재물과 곡식이 쌓이는 방향입니다.

나이		1	2	3	4	5	6	7	8	9
		10	11	12	13	14	15	16	17	18
		19	20	21	22	23	24	25	26	27
		28	29	30	31	32	33	34	35	36
		37	38	39	40	41	42	43	44	45
		46	47	48	49	50	51	52	53	54
		55	56	57	58	59	60	61	62	63
		64	65	66	67	68	69	70	71	72
		73	74	75	76	77	78	79	80	81
이주 방향		82	83	84	85	86	87	88	89	90
천록방(天祿方)	길	東方(東南)	西南(東方)	北方(西南)	南方(北方)	東北(南方)	西方(東北)	西北(西方)	中央(西北)	東北(中央)
안손방(眼損方)	흉	東南(中央)	東方(東南)	西南(東方)	北方(西南)	南方(北方)	東北(南方)	西方(東北)	西北(西方)	中央(西北)
식신방(食神方)	길	中央(西北)	東南(中央)	東方(東南)	西南(東方)	北方(西南)	南方(北方)	東北(南方)	西方(東北)	西北(西方)
증파방(甑破方)	흉	西北(西方)	中央(西北)	東南(西北)	東北(東南)	西南(東方)	北方(西南)	南方(北方)	東北(南方)	西方(東北)
오귀방(五鬼方)	흉	西方(東北)	西北(西方)	中央(西方)	東南(中央)	東方(東南)	西南(東方)	北方(西南)	南方(北方)	東北(南方)
합식방(合食方)	길	東北(南方)	西方(東北)	西北(東北)	中央(西北)	東南(中央)	東方(東南)	西南(東方)	北方(西南)	南方(北方)
진귀방(進鬼方)	흉	南方(北方)	東北(南方)	西方(東北)	西北(西方)	中央(西北)	東南(中央)	東方(東南)	西南(東方)	北方(西南)
관인방(官印方)	길	北方(西南)	南方(北方)	東北(南方)	西方(東北)	西北(東北)	中央(西方)	東南(中央)	東方(東南)	西南(東方)
퇴식방(退食方)	흉	西南(東方)	北方(西南)	南方(北方)	東北(南方)	西方(東北)	西北(西方)	中央(西北)	東方(中央)	東方(東南)

안손방(眼損方) - 재물을 잃거나 눈병이 생기는 방향입니다.

오귀방(五鬼方) - 병이 생기거나 재앙을 당하는 방향입니다.

증파방(甑破方) - 시루가 깨진다는 뜻이니, 재물을 잃거나 사
업에 애로가 생기는 방향입니다.

진귀방(進鬼方) - 병을 얻거나 걱정이 생기는 방향입니다.

퇴식방(退食方) - 재물이 줄어드는 방향입니다.

그런데 날을 잡을 때에나 이주 방향을 정할 때, 부부가 각기
다를 수 있지요?

이럴 때에는 최대한 흉함이 덜한 쪽으로 맞추어 보고, 그래도
쉽지 않을 때에는 가정에 중심이 되는 분을 기준으로 하면 되지
않을까 싶습니다.

신수(身數)

해마다 연말연시가 되면, 좀 이름났다는 철학관은 새해 운수를 보려는 사람들로 성시(成市)를 이룹니다.

그래서 한참을 기다렸다가 역술인 앞에 앉으면 한 해의 운수를 월별로 풀어 주는데, 이를 신수라고 하지요.

그럼 신수는 어떻게 푸는가 알아볼까요?

신수는 자신의 일간과 각 달의 천간을 비교하여 '육신'으로 푸는 것입니다.

가령 일간이 '갑'이라고 할 때, 올해(2012년)의 신수를 월별로 살펴볼까요?

1월(임인월) − 편인
2월(계묘월) − 인수
3월(갑진월) − 비견

4월(을사월) – 겁재

5월(병오월) – 식신

6월(정미월) – 상관

7월(무신월) – 편재

8월(기유월) – 정재

9월(경술월) – 편관

10월(신해월) – 정관

11월(임자월) – 편인

12월(계축월) – 인수

그리고 육신은 본성은 다음과 같이 길신과 흉신으로 나눌 수 있습니다.

• 길신

비견, 식신, 편재, 정재, 정관, 인수('비견'과 '편재'는 길함이 덜 합니다)

• 흉신

겁재, 상관, 편관, 편인('상관'이 제일 흉합니다)

하지만 본성의 작용력과 함께 고려할 점이 있는데, 해당 육신이 내게 '희신'이냐 '기신'이냐에 따라서 해석이 또 달라집니다.

예를 들어 신강 사주인 경우, 비록 비견의 본성이 길신이라

해도 억부법에 따르면 꼭 좋지만은 않겠지요.

그럼 구체적으로 육신에 따른 신수 풀이를 해 보겠습니다만, 꼭 그렇지는 않다는 거 잘 아시지요?

좋다는 일에는 좀더 자신감을 가지시면 되고, 나쁘다는 일에는 조심하시면 되겠지요.

● 비견

주위 사람들의 도움이 있으며, 바라는 일이 이루어집니다. 또 이사 운이 있으며, 문서를 작성할 일이 생길 수도 있겠네요.

● 겁재

주위 사람들에 의해 해를 당할 수 있으며, 하는 일마다 막힙니다. 또 재물의 손실이 있으며, 부부 사이에 고통이 생길 수 있겠네요.

● 식신

모든 일이 순조롭게 풀리며, 재물이 따릅니다. 외식(外食)도 자주 하겠군요.

● 상관

하는 일마다 애로가 많고, 관재·구설과 시비가 따릅니다. 부부 사이에 불화(不和)가 생길 수도 있겠네요.

• 편재

모든 거래에 손해가 따르며, 남자인 경우에는 이른바 '부적절한 관계'인 여자가 생길 수 있습니다. 또 부모님에게 우환(憂患)이 생길 수 있으니 자주 찾아뵈어야겠지요? 운전면허 따기엔 좋은 때입니다.

• 정재

모든 일이 순조롭고, 재물과 명예가 따릅니다. 이른바 '귀인(貴人)'이 나타나 생각지도 않은 도움을 주기도 하고, 부부 금실도 더없이 좋군요.

• 편관

관재 · 구설과 시비가 따르고, 신분상 불이익이 있을 수 있습니다. 또 자식 때문에 걱정이 생길 수 있으며, 건강도 조심해야겠군요.

• 정관

모든 일이 순조롭고, 승진이나 취업 같은 기쁜 일이 생깁니다. 다만 형제간에 다툼이 생길 수 있으니 조심해야겠군요.

• 편인

문서 거래나 계약은 손해를 가져옵니다. 그러므로 '도장 찍는 일'에 신중하셔야 하며, 직업이나 거래처를 바꾼다거나 여행을 떠나는 등 '변화를 꾀하거나 움직이는 일'은 삼가셔야 합니다. 식중독도 조심하셔야겠군요.

• 인수

모든 일에 발전이 있으며, 문서 거래나 계약도 이로운 결과를 가져옵니다. 삶의 충전을 위해 '열심히 일한 당신, 떠나라!'를 실천해 보시는 것도 좋겠지요.

그리고 한 가지 더⋯⋯.

하루의 운세인 '일진(日辰)'도 신수와 같은 요령으로 풉니다. 풀고자 하는 날의 천간을 본인의 일간에 대비하여 보는 것이지요.

따라서 스포츠 신문 등에 '오늘의 운세'라고 하여 띠별로 그날의 운세를 풀어 놓은 건 그냥 심심풀이일 뿐입니다. 같은 띠라도 일간이 다 다른데 운세가 같다는 건 한마디로 망발(妄發)이지요.

엄마가 풀어 보는 내 아이 사주

초판 1쇄 인쇄 2023년 4월 3일
초판 1쇄 발행 2023년 4월 8일

지은이 마경록
펴낸이 이춘원
펴낸곳 시그널북스
기획 강영길
편집 이애란
디자인 GRIM
마케팅 강영길

주소 경기도 고양시 일산동구 무궁화로 120번길 40-14(정발산동)
전화 031-911-8017
팩스 031-911-8018
등록일 2008년 4월 24일
등록번호 제2008-000037호

ISBN 979-11-85474-27-4(03180)